GRAN COLECCIÓN DE RECETAS PASO A PASO

Sumario

* * *

Edición Especial para:
Bookspan
15 E 26th Street, 4th floor
New York, NY 10010
U.S.A.

Impreso en U.S.A. - Printed in U.S.A.

ISBN 978-0-7394-7012-1

TABLAS DE EQUIVALENCIAS

Producto	Medida	Peso/Volumen	
Aceite	1 chorrito	5	mililitros
	1 cucharadita	8	mililitros
	1 cucharada	18	mililitros
Arroz	1 tacita	125	gramos
	1 taza	250	gramos
Azúcar corriente	1 pizca	1	gramo
	1 cucharadita	5	gramos
	1 cucharada	15	gramos
	1 taza	250	gramos
Azúcar glass (impalpable, glacé, en polvo)	1 cucharadita	2	gramos
	1 cucharada	6	gramos
	1 taza	100	gramos
Harina (de trigo)	1 cucharadita	4	gramos
	1 cucharada	10	gramos
	1 taza	125	gramos
Líquidos	1 cucharadita	5	mililitros
	1 cucharada	15	mililitros
	1 taza	250	mililitros
Mantequilla (manteca, margarina)	1 cucharadita	5	gramos
	1 cucharada	15	gramos
	1 taza	250	gramos

Otras equivalencias útiles

1 cucharadita de zumo de limón	1/2 cucharadita de vinagre
1/2 cucharadita de hierbas secas	1 cucharada de hierbas frescas
1 taza de leche	4 cucharadas de leche en polvo y 1 taza de agua
1 cucharada de harina de maíz para espesar	2 cucharadas de harina de trigo

FACTORES DE CONVERSION

Peso

para convertir de gramos a onzas (g → oz)	multiplicar por 0,035	para convertir de onzas a gramos (oz → g)	multiplicar por 28
para convertir de kilogramos a libras (kg → lb)	multiplicar por 2,2	para convertir de libras a kilogramos (lb → kg)	multiplicar por 0,45

Volumen

para convertir de mililitros a onzas líquidas (ml → fl oz)	multiplicar por 0,03	para convertir de onzas líquidas a mililitros (fl oz → ml)	multiplicar por 30
para convertir de litros a galones (l → gal)	multiplicar por 0,26	para convertir de galones a litros (gal → l)	multiplicar por 3,8

Longitud

para convertir de centímetros a pulgadas (cm → in)	multiplicar por 0,4	para convertir de pulgadas a centímetros (in → cm)	multiplicar por 2,5
para convertir de metros a pies (m → ft)	multiplicar por 3,3	para convertir de pies a metros (ft → m)	multiplicar por 0,3

Temperaturas del horno

Temperatura baja	100ºC	212ºF
Temperatura media	170ºC	338ºF
Temperatura alta	220ºC	428ºF

TIEMPOS DE COCCION SEGUN LA ALTITUD

Altitud	Temperatura de ebullición del agua	Corrección por hora de cocción
0	100ºC	-
+500	99ºC	+ 1 minuto
+1000	98ºC	+ 2 minutos
+1500	97ºC	+ 3 minutos
+2000	96ºC	+ 4 minutos
+2500	95ºC	+ 5 minutos
+3000	94ºC	+ 7 minutos

Estos valores son aproximados y pueden variar ligeramente debido al clima local de cada región.

Presentación

Estimado lector,

Esta es una auténtica enciclopedia de la cocina.

Para facilitar la búsqueda de cada plato hemos querido aplicar
un sistema novedoso y a la vez práctico, ya que, por ejemplo,
¿cuántas veces no sabe qué preparar de entrada y el titular de la
receta no le aclara si es un primero o un segundo plato? Por ello,
hemos creado diversos apartados, para que dependiendo del
alimento que tenga en casa o que desee tomar un día concreto,
pueda localizar todas las posibilidades que le ofrecemos.

Sin embargo, lo más importante de esta obra es que prácticamente
todas las recetas llevan no sólo la ilustración del plato finalizado,
sino que incluyen los pasos de cómo realizarla, lo que simplifica
mucho su preparación.

Por último, hemos incluido un exhaustivo diccionario de términos
culinarios y unas prácticas tablas de equivalencias, en cuanto
a medidas, cocción y temperaturas de horno se refiere,
que le disiparán no pocas dudas.

Esperamos que disfrute de esta obra tanto como nosotros
lo hemos hecho a la hora de confeccionarla.

Los Editores

Entradas

La gran variedad de platos que quedan incluidos en este vocablo, hace casi imposible dedicar unas líneas a todos ellos, pero hemos intentado que las recetas de este libro sean lo más variadas posible y que sirvan como base para que usted pueda, con ligeros cambios, no repetir sus primeros platos en todo el año, si así lo desea.

Nuestra idea al reunir estas recetas ha estado presidida por la simplicidad y economía de los platos, alternando recetas frías y calientes, sin olvidar la belleza y el lujo de las presentaciones. Por otro lado, debemos tener en cuenta que las entradas, aunque oficialmente sean un primer plato, dependiendo de los ingredientes pueden ser un plato principal e incluso llegar a ser un plato único, pasando por su utilización como acompañamiento de carnes y pescados.

Este gran recetario incluye ilustraciones a todo color y el paso a paso de cada receta para ayudar y facilitar su elaboración. Esperamos que disfrute al cocinarlas tanto como nosotros hemos disfrutado en su elaboración, e incluso en su degustación y por último, haber contribuido no sólo a mantener e incluso a mejorar su salud y la de los suyos, sino también ayudar a preparar unas recetas que, con muy poco esfuerzo, convertirán su mesa en una agradable sorpresa diaria para su familia y amigos.

ENSALADA DE HORTALIZAS

Microondas: NO	
Congelación: NO	
Tiempo de elaboración: LARGO	
Para 4-6 personas	

2 berenjenas
6 alcachofas (alcauciles)
3 pimientos (pimentones) verdes
2 cebollas
4 tomates (jitomates)
El zumo (jugo) de 2 limones
4 huevos duros
2 dientes de ajo
1 cucharada de alcaparras
(alcaparros, táparas)
Aceite
Perejil
Pimienta blanca
Sal
4 tomatitos para adornar

Lave las berenjenas y los pimientos y pele las cebollas. Coloque estas verduras en una fuente refractaria e introdúzcala en el horno, previamente calentado a temperatura media durante unos minutos. Cuando las verduras estén asadas, retírelas del horno, pélelas y córtelas en tiras, no demasiado finas.

A continuación, limpie las alcachofas, quitándoles las hojas duras. Lávelas en agua con un poco

de zumo de limón para que no se ennegrezcan y cuézalas en agua, con un poco de sal y más zumo de limón, hasta que estén tiernas. Mientras tanto, escalde los tomates en agua hirviendo, pélelos y córtelos en cuartos.

Cuando las alcachofas estén tiernas, retírelas del agua y córtelas en cuatro.

Seguidamente, ase los dientes de ajo y macháquelos en el mortero junto con las alcaparras, unas ramitas de perejil, sal y una cucharadita de pimienta blanca. Una vez todo bien machacado, agregue aceite, poco a poco, removiendo continuamente con la mano del mortero, hasta que los ingredientes estén bien mezclados y por último, incorpore el zumo de un limón.

Finalmente, prepare una fuente de servir colocando en ella todas las verduras de forma decorativa, alternando los colores y riéguelas con la salsa de ajos y alcaparras previamente preparada.

Pele los huevos duros, separe las yemas de las claras y píquelas por separado. Vierta los huevos así preparados entre cada verdura, formando una línea de separación entre ellas, y adorne con los tomatitos.

Corte en tiras las verduras asadas (1), escalde los tomates, pélelos y córtelos en cuartos (2) al igual que las alcachofas. Machaque en el mortero los ajos y las alcaparras (3) para preparar la salsa y una vez colocadas todas las verduras en la fuente, forme una línea de separación entre ellas, con los huevos picados (4).

3

PISTO

Microondas: NO

Congelación: SI

Tiempo de elaboración: LARGO

Para 4 personas

*500 g. de calabacines
(calabacitas, hocos, zapallitos)
500 g. de tomates (jitomates)
2 pimientos (pimentones) verdes
1 pimiento (pimentón) rojo
1 cebolla grande
6 cucharadas de aceite • Sal*

En primer lugar prepare las verduras. Pele y pique la cebolla. Retire el corazón y pepitas de los pimientos y córtelos en cuadraditos; corte igualmente los calabacines y finalmente, escalde los tomates, pélelos y píquelos.

A continuación, caliente el aceite en una sartén grande y fría lentamente la cebolla hasta que esté transparente.

Seguidamente, añada los pimientos, remuévalos con una cuchara de madera y agregue los calabacines, mezclando bien. Deje cocer a fuego lento durante 6 ó 7 minutos y, cuando las verduras estén rehogadas, añada los tomates. Remueva de nuevo con la cuchara de madera y deje cocer todo junto, a fuego lento, durante 30 minutos, removiendo de vez en cuando, para que las verduras no se peguen en el fondo de la sartén.

Cuando el pisto esté casi listo, sazónelo y termine de cocinar.

Limpie y trocee todas la verduras (1). Caliente el aceit en una sartén grande y fr lentamente la cebolla (2) hast que esté transparente. Incorpor los pimientos y los calabacine (3), deje cocer unos minuto añada los tomates y cocin durante 30 minutos má Poco antes de que el pisto est listo, sazónelo al gusto (4

1

3

TOMATES RELLENOS

Microondas:	NO
Congelación:	NO
Tiempo de elaboración:	LARGO
Baja en calorías	
Para 4 personas	

**16 tomates (jitomates) de
tamaño pequeño
2 cucharadas de alcaparras
(alcaparros, táparas)
3 pepinillos en vinagre
4 anchoas (anchovetas,
boquerones)
3 huevos duros • Pan rallado
5 cucharadas de aceite de oliva
Perejil • Sal**

Lave los tomates, séquelos y corte una capa fina de la parte superior. Extraiga con cuidado las semillas y parte de la pulpa central, presionándolos ligeramente con los dedos, para eliminar el líquido, y déjelos escurrir boca abajo, sobre unas servilletas de papel, para que escurran todo el líquido restante.

A continuación, pele y pique los huevos duros, viértalos en un cuenco y mézclelos con el perejil, los pepinillos, las alcaparras y las anchoas, todo ello muy picado. Mezcle todo bien, incorpore 3 cucharadas de aceite, y amalgame todos los ingredientes, formando una mezcla pastosa. Sazone si fuera necesario, teniendo en cuenta las anchoas.

Seguidamente, rellene los tomates, bien secos por dentro, con la pasta preparada, con ayuda de una cucharilla, y colóquelos en una fuente refractaria, engrasada con el aceite restante.

Por último, espolvoree por encima del relleno un poco de pan rallado e introduzca la fuente en el horno, previamente calentado a temperatura media durante 20 minutos, aproximadamente, hasta que estén asados, pero no demasiado blandos.

1

2

3

Corte una capa fina de la parte superior de cada tomate (1). Mezcle todos los ingredientes del relleno en un cuenco (2) amalgamándolos bien. Con ayuda de una cucharilla, rellene los tomates y vaya colocándolos en una fuente engrasada (3). Espolvoree por encima del relleno el pan rallado (4) y hornéelos.

4

A la derecha: Terrinas de aguacate; Tostadas de aguacate y queso; Aguacate Maryland; Entremés italiano.

TOSTADAS DE AGUACATE Y QUESO

Microondas: NO	
Congelación: NO	
Tiempo de elaboración: CORTO	
Para 4 personas	

4 rebanadas de pan, preferiblemente de centeno
2 cucharadas de mantequilla (manteca, margarina)
1 cucharada de mostaza
1 aguacate (palta, panudo, sute)
50 g. de queso rallado

Unte de manera uniforme las rebanadas de pan con la mantequilla, y la mostaza.

A continuación, parta el aguacate por la mitad, con ayuda de un cuchillo bien afilado, retire el hueso y pele cuidadosamente las dos mitades.

Seguidamente, corte la pulpa en rebanadas de grosor medio y colóquelas sobre el pan anteriormente preparado.

Por último, espolvoree las rebanadas con el queso rallado, colóquelas sobre una fuente refractaria, e introdúzcalas en el horno con el gratinador encendido, durante unos minutos, o hasta que el queso se funda y adquiera un bonito color dorado.

TERRINAS DE AGUACATE

Microondas:	NO
Congelación:	SI
Tiempo de elaboración:	MEDIO
Para 3 personas	

1 aguacate (palta, panudo, sute)
El zumo (jugo) y la ralladura de
1/2 limón
75 g. de huevas ahumadas de
bacalao (abadejo, curadillo)
1 diente de ajo
3 cucharadas de nata (crema)
líquida
Sal y pimienta negra

Corte el aguacate por la mitad y deshuéselo. Con ayuda de una cucharilla, retire con cuidado toda la pulpa, y vaya vertiéndola en un cuenco.

A continuación añada el zumo y la ralladura de limón, las huevas de bacalao, el ajo pelado y machacado y salpimente al gusto. Seguidamente, bata todo junto hasta que se forme una pasta cremosa. Incorpore poco a poco la nata, ligeramente batida y vierta la mezcla en cuencos individuales, adornándolos al gusto.

ENTREMES ITALIANO

Microondas:	NO
Congelación:	SI
Tiempo de elaboración:	CORTO
Para 4 personas	

100 g. de queso Dolcelatte
1 aguacate (palta, panudo, sute)
1 cucharada de zumo (jugo) de
limón
2 cucharadas de aceite
1 cucharadita de mostaza
Sal y pimienta negra
Unas hojas de lechuga

Desmenuce el queso y resérvelo. A continuación, corte el aguacate por la mitad, deshúeselo y pélelo. Córtelo en cuadraditos y viértalos en un cuenco.

Seguidamente, mezcle en otro cuenco, el zumo de limón, el aceite, la mostaza, la sal y pimienta al gusto. Vierta parte de esta salsa sobre el aguacate, y remueva para que se impregne bien.

Por último, cubra una ensaladera con hojas de lechuga. Vierta los trocitos de aguacate y el queso desmenuzado, y aliñe con la salsa restante.

AGUACATE MARYLAND

Microondas:	NO
Congelación	SI
Tiempo de elaboración:	CORTO
Para 4 personas	

1 aguacate (palta, panudo, sute)
El zumo (jugo) y la ralladura de
1/2 limón
100 g. de pollo asado y picado
2 cucharadas de granos de maíz
(choclo, elote)
2 cucharadas de nata (crema)
líquida
2 lonchas de bacon (panceta
ahumada, tocineta), cortadas y
asadas
Sal y pimienta negra

Corte el aguacate, deshúeselo y retire la pulpa con una cucharilla, vertiéndola en un cuenco.

A continuación, añada el zumo y la ralladura de limón, el pollo picado y salpimente al gusto. Remueva hasta que todo esté bien mezclado y agregue, removiendo, los granos de maíz y la nata.

Por último, vierta en tazones individuales y espolvoree con el bacon dorado.

GUISANTES SORPRESA

Microondas:	NO
Congelación:	SI
Tiempo de elaboración:	LARGO
Para 4 personas	

1 1/2 kgs. de guisantes (arvejas, chícharos) frescos, sin desgranar
1 cebolla pequeña
2 cucharadas de manteca (grasa animal)
1 copita de vino • 3 huevos
Vinagre • Aceite • Sal

Una vez desgranados los guisantes, viértalos en una cacerola con agua hirviendo con sal, y déjelos cocer a fuego lento durante aproximadamente unos 10 minutos o hasta que estén tiernos.

Al mismo tiempo, cueza en un cacito los huevos, durante 10 ó 15 minutos.

A continuación, pele y pique finamente la cebolla. Derrita la manteca en una sartén grande, añada la cebolla y deje que se rehogue, a fuego lento, hasta que esté transparente.

Seguidamente, escurra muy bien los guisantes, agréguelos a la sartén, déles unas vueltas con ayuda de una cuchara de madera e incorpore el vino. Sazone con sal al gusto y deje que dé todo junto un hervor.

Por último, pele los huevos duros y córtelos en rodajas. Póngalas en una fuente de servir, reservando algunas para el adorno, y alíñelas con aceite, vinagre y sal al gusto. Vierta encima los guisantes y adorne con las rodajas de huevo duro, reservadas.

Cueza los guisantes en agua hirviendo con sal (1). Fría la cebolla picada en la manteca derretida (2), agregue los guisantes bien escurridos e incorpore el vino (3). Finalmente, ponga rodajas de huevo duro en una fuente de servir, y cúbralas con los guisantes (4).

1

3

En una cazuela grande, ponga a hervir agua con sal y añada las carnes (1). Mientras tanto, limpie y trocee las judías (2). Fría la cebolla y los ajos hasta que estén dorados (3), tueste la harina y por último incorpore las judías cocidas junto con las carnes (4).

CAZUELA DE JUDIAS VERDES

Microondas: NO	
Congelación: NO	
Tiempo de elaboración: LARGO	
Para 4 personas	

1 kg. de judías (chauchas, ejotes, peronas, porotos) verdes, limpias y troceadas
125 g. de chorizo (no picante)
125 g. de tocino (panceta salada) fresco entreverado
250 g. de costillas (chuletas, palos) de cerdo (cochino, chancho, lechón)
1 cebolla, pelada y picada
3 dientes de ajo, pelados y picados
4 cucharadas de aceite de oliva
2 1/2 cucharadas de harina (de trigo)
Sal y pimienta negra molida

Ponga una cazuela grande al fuego, con 2 litros de agua y un poco de sal. Cuando el agua alcance el punto de ebullición, vierta en la cazuela el tocino, las costillas y el chorizo. Deje que rompa a hervir de nuevo, baje el fuego y deje cocer lentamente 35 ó 40 minutos.

Una vez que las carnes hayan cocido, incorpore a la cazuela las judías y continúe la cocción durante 30 minutos más. Pruebe la sazón, y rectifique si fuera necesario. Retire del fuego, y reserve la cazuela tapada.

A continuación, caliente el aceite en una sartén grande al fuego. Añada la cebolla y los ajos y cuando estén dorados, agregue la harina, poco a poco, removiendo con una cuchara de madera, hasta que tome un ligero color.

Seguidamente, escurra los ingredientes de la cazuela, reservando el líquido, e incorpórelos a la sartén. Mézclelos bien con el sofrito y cocínelos unos minutos, removiendo suavemente.

Por último, añada el líquido reservado y deje que dé todo junto un hervor. Compruebe la sazón, añada una pizca de pimienta y sirva bien caliente.

ENSALADA DE VERDURAS

Microondas:	NO
Congelación:	NO
Tiempo de elaboración:	LARGO
Para 4 personas	

1 kg. de tomates (jitomates)
2 pimientos (pimentones) verdes
4 huevos duros
3 dientes de ajo
200 g. de bonito (biza) en
escabeche
2 lonchas gruesas de jamón
serrano (crudo)
Miga de pan
1 cucharada de aceite
1 cucharada de vinagre
Sal

Ponga una cacerola al fuego con agua. Cuando ésta rompa a hervir, escalde los tomates, quíteles los tallos, pélelos, y córtelos en daditos. Viértalos en una ensaladera y reserve.

A continuación, ase los pimientos, pélelos, quíteles las semillas y los corazones y píquelos. Viértalos en la ensaladera junto con los tomates.

Pele los huevos, y separe las yemas de las claras. Machaque los dientes de ajo en el mortero, añada las yemas, mezcle bien e incorpore la miga de pan remojada y escurrida, junto con la cucharada de aceite. Siga removiendo y cuando obtenga una salsa fina, sazone al gusto y agregue la cucharada de vinagre.

Seguidamente, añada a la ensaladera las claras de huevo picadas, el jamón picado, y el bonito desmenuzado, y mezcle todo bien.

Aderécela con el aliño preparado anteriormente, y sírvala muy fría.

1

3

Escalde los tomates y píquelos en daditos (1). Ase y pele los pimientos (2), añadiéndolos a la ensaladera. Prepare un aliño con los dientes de ajo, las yemas, la miga de pan, el aceite, el vinagre y sal (3) y por último, agregue a la ensaladera las claras picadas (4), el jamón y el bonito.

PIPIRRANA

Microondas: NO
Congelación: NO
Tiempo de elaboración: LARGO
Para 4 personas

250 g. de bacalao (abadejo, curadillo)
1 lechuga
1 pepino (cohombro)
2 pimientos (pimentones) verdes
2 tomates (jitomates), rojos pero duros
100 g. de aceitunas (olivas) negras
3 dientes de ajo, pelados
El zumo (jugo) de 1/2 limón
3 cucharadas de aceite • Sal

Limpie bien el bacalao, quitándole la piel y las espinas. Desmenúcelo y póngalo en remojo en una cacerola con agua, durante 2 ó 3 horas.

Mientras tanto, ase los dientes de ajo, enteros, en una parrilla. Seguidamente, deshoje la lechuga y déjela en agua unos minutos. Corte los pimientos, deseche el corazón y las semillas, y córtelos en cuadraditos. Limpie el pepino y trocéelo en dados. Lave y corte los tomates en dados, escurra la lechuga y córtela en tiras.

A continuación, vierta las verduras preparadas en una ensaladera amplia y agregue el bacalao, bien escurrido con las manos.

Machaque los ajos y añádalos a la ensaladera. Sazone muy ligeramente y aliñe con el zumo de limón y el aceite.

Por último, adorne la superficie con las aceitunas negras.

Ase los ajos, enteros y pelados, en una parrilla al fuego (1). Pique los pimientos, el pepino (2), los tomates y la lechuga. Vierta todas las verduras troceadas en una ensaladera amplia (3), agregue el bacalao y aliñe con aceite (4) y limón.

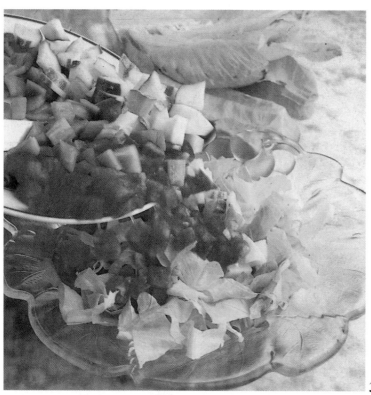

3

JUDIAS CON ANCHOAS

Microondas:	SI
Congelación:	SI
Tiempo de elaboración:	LARGO
Para 4 personas	

*500 g. de judías (chauchas,
ejotes, peronas, porotos) verdes
40 g. de mantequilla (manteca,
margarina)
3 cucharadas de aceite
3 filetes de anchoa (anchoveta,
boquerón) desalados
1 diente de ajo
1 cucharada de perejil picado
Sal y pimienta recién molida*

Limpie las judías verdes, lávelas
y cuézalas durante 25 minutos en
una cazuela conteniendo abundante agua ligeramente salada.
Prepare un picadillo con los filetes de anchoa, el ajo y el perejil y
sofríalo a fuego lento, en una sartén con la mantequilla y el aceite.
Escurra bien las judías, póngalas
en la sartén con el sofrito y continúe cocinando unos 10 minutos,
removiendo cuidadosamente.
Salpimente, pase las judías a una
fuente y sírvalas enseguida.

CALABAZA CON TOMATE

Microondas:	SI
Congelación:	NO
Tiempo de elaboración:	LARGO
Para 4 personas	

*900 g. de calabaza (zapallo)
4 cucharadas de aceite de oliva
250 g. de tomates (jitomates) al
natural de lata
2 cebollas cortadas en tiras
finas
1 cucharada de perejil picado
Una pizca de comino en polvo
Sal y pimienta recién molida*

Pele la calabaza, retire las semillas, lávela y córtela en trocitos.
Caliente el aceite en una cacerola
grande al fuego y rehogue las cebollas durante 5 minutos; añada
los tomates, el perejil, el comino
en polvo, la calabaza cortada en
trocitos, sal y pimienta, cubra la
preparación con agua y deje que
cueza, a fuego moderado, durante unos 40 minutos, o hasta que
la calabaza esté tierna. Sírvala
caliente.

CHAMPIÑONES AL AJILLO

Microondas:	SI
Congelación:	SI
Tiempo de elaboración:	MEDIO
Para 6-8 personas	

*1 kg. de champiñones
(callampas, hongos), pequeñitos
10 dientes de ajo
2 guindillas (ají, chile)
200 ml. de aceite de oliva
Sal*

Lave y seque bien los champiñones con un paño. Córteles los pe-
dúnculos y resérvelos para otra
preparación.
A continuación, ponga una sartén
al fuego con el aceite. Cuando
éste esté caliente, añada los dientes de ajo, previamente pelados y
cortados en láminas, y déjelos
freír lentamente, removiéndolos,
para que se ablanden pero no tomen mucho color.
Seguidamente, agregue las guindillas, cortadas en rodajitas, déles
unas vueltas removiendo con una
cuchara de madera e incorpore
los champiñones, previamente
preparados.
Por último, sazone y déjelos cocinar, a fuego fuerte, durante 6 ó
7 minutos. Sírvalos calientes.

COL RELLENA

Microondas:	NO
Congelación:	SI
Tiempo de elaboración:	LARGO
Para 4-6 personas	

1 repollo (col) mediano
750 g. de carne picada (molida)
(mitad cerdo -cochino, chancho,
lechón- y mitad vaca -res-)
6 lonchas de panceta (tocino)
fresca, sin corteza
2 dientes de ajo, finamente
picados
2 cucharadas de manteca de
cerdo (grasa animal)
Unas ramitas de perejil, picadas
Sal
250 g. de tomate (jitomate) frito

Vierta en un cuenco la carne picada junto con los ajos y el perejil. Agregue unas hojas de repollo, picadas en juliana, sazone y mezcle todo bien.

A continuación, ponga abundante agua con sal en una cazuela, al fuego, y cuando esté hirviendo, añada las hojas de repollo, enteras. Deje hervir hasta que estén tiernas, escúrralas y reserve. Seguidamente, forre el interior de un molde, con las lonchas de panceta. Sobre la panceta, cubra el molde, con hojas de repollo cocidas, previamente untadas con la manteca y vierta parte de la mezcla preparada con la carne. Cúbrala con repollo y repita la ope-

ración, alternando capas de carne y repollo, finalizando con una doble capa de hojas de repollo.

Por último, introduzca el molde en el horno, previamente calentado a temperatura media, durante 1 hora. Desmolde con cuidado y acompáñelo con el tomate.

Mezcle en un cuenco la carne con el perejil, los ajos y parte del repollo picado (1). Cueza las hojas de repollo en abundante agua con sal (2). Forre un molde con la panceta (3) y rellénelo con capas de carne y hojas de repollo, terminando con repollo (4).

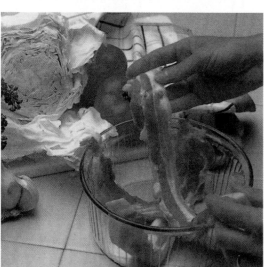

1

2

3

4

ENTREMESES DE PIMIENTOS

Microondas: NO

Congelación: SI

Tiempo de elaboración: LARGO

Para 4 personas

3 pimientos (pimentones) rojos
250 g. de atún en escabeche
100 g. de aceitunas (olivas)
verdes
1 cucharada de mantequilla
(manteca, margarina)
Unas hojas de lechuga
2 cucharadas de aceite
1 cucharada de vinagre
Sal • Perejil

Unte los pimientos con un poquito de aceite y áselos. Pélelos, quíteles los rabos y las semillas y córtelos en cuartos, en sentido longitudinal.

A continuación, vierta el atún en un almirez grande, añada la mantequilla y májelo, hasta que se forme una pasta homogénea.

Seguidamente, rellene cada trozo de pimiento con la pasta de atún. Enróllelo como para hacer un canelón y vaya colocándolos, en círculo, sobre un plato de servir.

Por último, ponga las hojas de lechuga, en el centro del plato. Reparta las aceitunas y ponga en el centro unas hojitas de perejil. Mezcle en un cuenco el aceite, el vinagre y un poco de sal, y rocíelo sobre los entremeses. Adorne, si lo desea, con tomate.

Unte los pimientos con un poco de aceite, áselos, pélelos, y pártalos en cuartos (1). Maje el atún con la mantequilla (2) hasta formar una pasta homogénea y rellene con ella los pimientos, enrollándolos (3). Colóquelos en un plato de servir, ponga en el centro las hojas de lechuga (4) y las aceitunas, y rocíe con el aliño.

1

2

3

4

MENESTRA

Microondas:	NO
Congelación:	NO
Tiempo de elaboración:	LARGO
Para 4 personas	

*500 g. de patatas (papas),
pequeñitas
500 g. de guisantes (arvejas,
chícharos), desgranados
250 g. de judías (chauchas,
ejotes, peronas, porotos) verdes
8 alcachofas (alcauciles)
pequeñas
6 cebolletas
2 tomates (jitomates) maduros
1 frasco de espárragos trigueros
2 nabos (nabas, coyochos)
2 zanahorias • 1/2 limón
500 ml. de caldo de carne,
caliente*

*2 huevos duros
100 g. de jamón serrano (crudo),
en daditos
5 cucharadas de aceite
Sal*

Pele los tomates y píquelos. Pele las cebolletas y córtelas en aros muy finos.

Caliente el aceite en una sartén al fuego, añada las cebolletas y cocínelas ligeramente, sin dejar que se doren. Agregue los tomates y rehogue todo junto, durante unos minutos, hasta que los tomates estén blandos y triturados.

A continuación, pase todo a una cazuela de barro, y cuando comience de nuevo a hervir, añada los nabos y las zanahorias, previamente pelados y cortados en daditos. Incorpore las alcachofas, troceadas y frotadas con el limón para que no se ennegrezcan, junto con las judías verdes, troceadas y el jamón, y rehogue unos minutos.

Seguidamente, añada los guisantes y el caldo, sazone al gusto y deje cocer todo junto, durante 15 minutos. Incorpore las patatas peladas y enteras y deje cocer hasta que todo esté tierno.

Por último, retire la cazuela del fuego y adorne la menestra con los espárragos. Corte un huevo por la mitad y coloque una de ellas en el centro de la menestra. Los huevos duros restantes, píquelos finamente y espolvoréelos sobre la superficie, entre cada espárrago.

Rehogue las cebolletas en una sartén con el aceite caliente y añada los tomates troceados (1). Una vez ligeramente rehogados, viértalos en una cazuela de barro e incorpore los nabos y las zanahorias, y seguidamente las alcachofas, las judías verdes (2) y el jamón. Déle unas vueltas a la menestra y agregue los guisantes y el caldo (3). Cuando todo esté tierno, adorne con los huevos duros y los espárragos (4).

Tomates rellenos con salmón; Crema adelgazante; Paté de pollo y champiñones; Crema de aguacate.

1 diente de ajo, picado
1/2 cucharadita de chile (ají, guindilla) en polvo
1 cucharadita de salsa inglesa
Sal y pimienta negra recién molida
1 cucharadita de perejil, finamente picado

Combine todos los ingredientes a excepción del perejil y bat enérgicamente con una cuchar: Sazone al gusto con sal y pimienta recién molida y sirva inmedia tamente, ya que esta mezcla tiene de a oscurecerse muy rápido. An tes de servir, espolvoree con e perejil picado y sirva con verdu ras frescas, en tiritas.

CREMA ADELGAZANTE

Microondas: NO	
Congelación: NO	
Tiempo de elaboración: CORTO	
Baja en calorías	
Para 4 personas	

175 g. de carne de cangrejo, fresca o de lata
200 g. de yogur natural
Sal y pimienta negra recién molida

Para adornar:
Rebanadas de limón
Ramitas de perejil

Combine la carne de cangrejo el yogur, y sazone al gusto cc sal y pimienta.
Seguidamente, vierta todos lc ingredientes en un cuenco pequ ño y refrigere.
Adorne con las rebanadas de l món y las ramitas de perejil y si va la crema con verduras fresca en tiritas.

TOMATES RELLENOS CON SALMON

Microondas: NO	
Congelación: NO	
Tiempo de elaboración: CORTO	
Baja en calorías	
Para 4 personas	

4 tomates (jitomates) grandes
1 lata de 500 g. de salmón al natural
1 ramita de apio, pelado y picado
1 cebolla, finamente picada
1 pimiento (pimentón) verde, picado
1/2 cucharadita de aceite
1/2 cucharadita de zumo (jugo) de limón
Unas gotas de salsa Worcester
1 lechuga • Sal y pimienta
4 rodajas de limón

Primeramente, escurra bien el salmón y desmenúcelo sobre un cuenco, retirando las posibles espinas. Añada el apio, la cebolla y el pimiento picados, mezcle y agregue el aceite, el zumo de limón, la salsa Worcester y sazone con sal y pimienta. Mezcle todo bien y refrigere.

Con la parte del tallo hacia abajo, corte cada tomate en cuatro, pero sin llegar a separarlo de la base. Abra los cuartos ligeramente, y sazónelos.

Seguidamente, ponga en el hueco central de cada tomate, la mezcla de salmón, repartiéndola.

Por último, ponga las hojas de lechuga, bien lavadas y secas, en platos individuales o en una fuente. Sobre éstas, coloque los tomates y adorne con una rodajita de limón.

CREMA DE AGUACATE

Microondas: NO	
Congelación: NO	
Tiempo de elaboración: CORTO	
Baja en calorías	
Para 4 personas	

2 aguacates (paltas, panudos, sutes) muy maduros, pelados
50 g. de queso azul danés, rallado
2 cucharadas de zumo (jugo) de limón

PATE DE POLLO Y CHAMPIÑONES

Microondas: NO
Congelación: NO
Tiempo de elaboración: CORTO
Baja en calorías
Para 4 personas

250 g. de pollo, cocido
cucharadas de zumo (jugo) de limón
1/2 cebolla, rallada
1 cucharada de perejil picado
200 g. de yogur, natural
2 cucharadas de nata (crema) líquida
100 g. de champiñones (callampas, hongos), lavados

Sal y pimienta negra molida
Rodajas de limón y ramitas de perejil para adornar

Deshuese y corte el pollo. Mezcle con el zumo de limón y viértalo en una batidora. Bata a velocidad mínima hasta que se forme una pasta. Añada la cebolla, el perejil, el yogur y la nata y bata de nuevo. Retire de la batidora y agregue los champiñones, reservando uno para la decoración, finamente picados. Salpimente al gusto, vierta en un molde rectangular e introdúzcalo en el frigorífico hasta el momento de servir. Adorne con el champiñón reservado, el limón y el perejil.

ENSALADA DE MANZANA Y REPOLLO

Microondas: NO
Congelación: NO
Tiempo de elaboración: CORTO
Baja en calorías
Para 6 personas

1 repollo (col) mediano, lavado
4 manzanas rojas, lavadas
1 cucharada de zumo (jugo) de limón
1 pimiento (pimentón) verde
1 cebolla mediana, picada
2 cucharadas de queso rallado

Para el aderezo:
1 cucharada de aceite
2 cucharadas de zumo de limón
1 cucharadita de salsa Worcester
1/2 diente de ajo
Sal y pimienta

Pique finamente el repollo y viértalo en una ensaladera grande. Retire el corazón de las manzanas, córtelas en rebanadas finas y rocíelas con el zumo de limón para evitar que se oscurezcan. Añádalas a la ensaladera, junto con el pimiento cortado en cuadraditos y la cebolla y mezcle todo bien. Vierta todos los ingredientes del aderezo en un cuenco. Bátalos bien, y rocíe por encima de la ensalada. Espolvoréela con el queso rallado, y sírvala.

COLIFLOR REBOZADA

Microondas:	NO
Congelación:	NO
Tiempo de elaboración:	LARGO
Para 4-6 personas	

*1 coliflor (brecolera, brócul) de
1 1/2 kgs.
2 huevos
3 cucharadas de vinagre
2 cucharadas de perejil
Harina (de trigo)
Aceite para freír
Sal*

Lave cuidadosamente la coliflor bajo el chorro del agua fría. Escúrrala y colóquela en un recipiente. Espolvoréela con el perejil finamente picado y sal. Rocíela con el vinagre y déjela macerar durante 3 horas.

Transcurrido este tiempo, colóquela en una cacerola grande, cúbrala completamente con agua y ponga el recipiente al fuego. Déjela hervir hasta que esté tierna, retírela del fuego y deje escurrir la coliflor en un colador, hasta que esté templada.

A continuación, sepárela en ramitos, con cuidado de que no se rompan.

Seguidamente, bata los huevos en un plato y vierta la harina en otro plato. Ponga abundante aceite en una sartén al fuego y cuando esté caliente, pase cada ramito de coliflor por harina, a continuación por los huevos batidos y fríalos hasta que estén doraditos. Retírelos con una espumadera y déjelos sobre papel de cocina, para que éste absorba toda la grasa. Sírvala bien caliente.

Sazone la coliflor y espolvoréela con perejil picado (1), rocíela con el vinagre y deje macerar. Póngala en una cacerola, cúbrala con agua (2) y deje cocer hasta que esté tierna. Cuando se haya enfriado ligeramente, sepárela en ramitos (3), rebócelos en harina y huevo y fríalos en abundante aceite caliente (4).

1

3

SOPA DE MAIZ Y CANGREJO

Microondas: NO

Congelación: SI

Tiempo de elaboración: MEDIO

Para 2 personas

1 cucharadita de raíz de jengibre (cojatillo), finamente picada
2 cucharaditas de jerez

100 g. de carne de cangrejo (puede ser de lata)
3 cucharaditas de maicena (fécula de maíz, harina de maíz)
2 cucharadas de agua
400 ml. de caldo
50 g. de granos de maíz (choclo, elote)
1 clara de huevo, batida
Sal

Primeramente, mezcle en un cuenco la raíz de jengibre, la carne de cangrejo y el jerez.

A continuación, diluya la maicena en el agua y remueva, enérgicamente, con una cuchara de madera, hasta obtener una pasta.

Seguidamente, vierta el caldo en una cacerola al fuego y, cuando comience la ebullición, incorpore el maíz, la mezcla de carne de cangrejo, sazone y remueva ligeramente. Deje que rompa a hervir de nuevo y agregue, removiendo constantemente, la pasta de maicena previamente preparada.

Por último, añada, sin dejar de mover, la clara de huevo batida. Sirva la sopa muy caliente, acompañada, si lo desea, con dados de pan fritos y cebolla muy finamente picada.

CREMA DE CALABAZA

Microondas: SI
Congelación: SI
Tiempo de elaboración: LARGO
Para 4 personas

500 g. de calabaza (zapallo),
pelada y troceada
3 cucharadas de mantequilla
(manteca, margarina)
1 cebolla grande, finamente
picada
?00 ml. de nata (crema) líquida
500 ml. de caldo hirviendo
(puede ser de pastilla)
Romero molido
Sal y pimienta negra molida

Para adornar:
Perejil picado

?errita la mantequilla en una ca-
?uela al fuego y añada la cebolla
?la calabaza; sazónelas con sal,
?imienta y romero al gusto y deje
?ue se rehoguen durante unos 15
?inutos.

? continuación, incorpore el cal-
?o hirviendo, remueva para mez-
?lar bien y continúe la cocción
?urante unos 20 minutos más.

?or último, pase la preparación
?or la batidora, de manera que
?btenga una crema homogénea,
?gregue la nata, rectifique la sa-
?n, y sirva con picatostes y con
? perejil.

CREMA BLANCA

Microondas: SI
Congelación: SI
Tiempo de elaboración: LARGO
Para 4 personas

2 cucharadas de mantequilla
(manteca, margarina)
1 patata (papa) mediana,
cortada en rodajas finas

2 puerros (ajos puerros, poros,
porros) (sólo la parte blanca),
cortados en rodajas finas
250 ml. de caldo hirviendo
300 g. de coliflor (brecolera,
brócul), cortada en ramitos de
igual tamaño
1/2 cucharadita de curry (carry)
250 ml. de leche hirviendo
Sal y pimienta negra, recién
molida

Derrita la mantequilla en una cacerola al fuego, añada la patata y
los puerros y deje que se rehoguen, hasta que estos últimos estén transparentes.

A continuación, incorpore los ramitos de coliflor, mezcle, tape el
recipiente y continúe cocinando,
a fuego lento, unos 10 minutos.
Seguidamente, riegue con el caldo, sazone con sal y pimienta,

agregue el curry y deje que cueza,
con el recipiente tapado, durante
aproximadamente unos 15 ó 20
minutos más.

Por último, retire unos cuantos
ramitos de coliflor, reservándolos
aparte, agregue la leche y pase la
preparación por la batidora eléctrica, hasta obtener una crema homogénea; incorpore los ramitos
de coliflor reservados y sirva.

AJO BLANCO

Microondas: NO
Congelación: NO
Tiempo de elaboración: MEDIO
Para 4 personas

2 dientes de ajo
150 g. de miga de pan
2 yemas de huevo
75 ml. de aceite
1 l. de agua
Vinagre
Sal y pimienta
2 rebanadas de pan del día
anterior

Pele los dientes de ajo, córtelos en láminas y póngalos en un mortero suficientemente grande; añada sal y macháquelos hasta obtener una pasta fina.

Moje la miga de pan con un poco de agua, escúrrala, agréguela a la pasta de ajo, trabajando con la mano del mortero, e incorpore las yemas de huevo, sin dejar de remover hasta mezclar bien los distintos ingredientes.

A continuación, vierta el aceite dejándolo caer en forma de hilo fino, teniendo cuidado para que la preparación no se corte.

Seguidamente, añada poco a poco, el agua, condimente con sal, pimienta y vinagre y vierta la preparación en una sopera.

Por último, corte en daditos las rebanadas de pan, añádalas a la sopera e introdúzcala en el frigorífico hasta el momento de servir.

Machaque en un mortero los ajos junto con sal (1), añada la miga de pan, las yemas y trabaje hasta obtener una pasta fina. Agregue el aceite, dejándolo caer en forma de hilo (2), vierta el agua (3) y sazone con sal, pimienta y vinagre.

1

2

3

CREMA DE ESPARRAGOS

Microondas:	NO
Congelación:	SI
Tiempo de elaboración:	LARGO
Para 4 personas	

500 g. de espárragos frescos
1 zanahoria
1 puerro (ajo puerro, poro, porro)
750 ml. de caldo de carne
3 cucharadas de arroz

3 cucharadas de mantequilla (manteca, margarina)
250 ml. de leche templada
2 yemas de huevo
4 cucharadas de nata (crema) líquida
Sal

Pele cuidadosamente los espárragos, desechando la parte más dura, y trocéelos, reservando las puntas enteras. Raspe la zanahoria, lávela y córtela en juliana. A continuación, limpie el puerro, eliminando la parte verde y la raíz, y córtelo en rodajas, muy finas. Ponga las puntas de los espárragos en una cacerola con agua salada y cuézalas hasta que estén tiernas. Escúrralas y reserve. Seguidamente, vierta el caldo de carne en una cazuela al fuego, añada los espárragos troceados, la zanahoria, el puerro, y la mantequilla y deje que cueza durante unos 20 minutos; incorpore con cuidado, el arroz y la leche y continúe la cocción 20 minutos más.

Pase la preparación por el pasa purés, viértala de nuevo en la ca zuela y póngala al fuego.
Bata las yemas junto con la nata líquida e incorpórelas, poco a po co, removiendo constantemente, la crema. Continúe cocinando hasta que la crema se espese, te niendo cuidado de que no hierva ya que las yemas se cuajarían.
Por último, sale, distribuya la cre ma en platos o cuencos individua les y adorne con las puntas de e párragos reservadas enteras.

Corte en juliana la zanahoria y en rodajitas el puerro (1); cueza las verduras en el caldo de carne y añada el arroz (2) y la leche. Bata las yemas junto con la nata (3) e incorpórelas a la crema. Distribuya la crema en platos o cuencos individuales y adórnela con las puntas de espárragos (4).

OLLA GITANA

Microondas: NO
Congelación: SI
Tiempo de elaboración: LARGO
Para 4-6 personas

300 g. de judías (alubias, frijoles, habichuelas, porotos) blancas
300 g. de guisantes (arvejas, chícharos) secos
300 g. de judías (chauchas, ejotes, peronas, porotos) verdes
250 g. de calabaza (zapallo)
3 peras
1 rebanada de pan del día anterior
1 cebolla • 1 diente de ajo
1 tomate (jitomate) maduro
1 cucharada de pimentón (color, pimentón en polvo)

4 cucharadas de aceite • Vinagre
Unas hebras de azafrán (camotillo, cúrcuma, yuquillo)
Sal y pimienta negra

Ponga en remojo, por separado, las judías blancas y los guisantes, durante toda la noche.
Pasado este tiempo, escurra las legumbres, pase las judías a una cazuela al fuego con agua y deje que cuezan durante 45 minutos. Incorpore los guisantes, las judías verdes, limpias y troceadas y cueza unos minutos. Añada la calabaza en daditos y las peras peladas, sin el corazón y cortadas en cuartos, y continúe la cocción, durante 1 1/2 horas. Caliente el aceite en una sartén al fuego, fría la rebanada de pan y cuando esté dorada retírela y reserve.

Fría en el aceite que ha quedado en la sartén la cebolla, el tomate y el ajo, finamente picados, y sazone con el pimentón, el azafrán, sal y pimienta. Machaque en un mortero la rebanada de pan frita, añadiendo, poco a poco, un chorrito de vinagre y un poco del caldo de cocción de las legumbres. Vierta el majado y el sofrito en la cazuela y deje que cueza durante unos 5 minutos antes de servir.

Vierta las judías en una cazuela con agua (1) y cuézalas. Añada los guisantes, las judías verdes, la calabaza (2) y las peras. Sofría la cebolla, el tomate y el ajo (3). Machaque en un mortero el pan frito, añadiendo un chorrito de vinagre (4).

1

2

3

4

3 manojos de berros (balsamita mastuerzos)
750 g. de patatas (papas)
2 cebollas, finamente picadas
75 g. de margarina (manteca, mantequilla)
1 1/2 l. de agua
Sal y pimienta

Lave cuidadosamente los berros píquelos. Pele las patatas, lávelas y córtelas en cuadraditos.

Caliente el agua en una cacerola al fuego, cuando comience a ebullición, incorpore los berros las patatas y deje que cueza hasta que estas últimas estén tiernas. Retire del fuego y escurra la verduras, reservando el caldo.

Derrita la margarina en otra cacerola al fuego, añada las cebollas y en cuanto empiecen a tomar color, agregue los berros y las patatas; remueva y deje que se rehoguen durante unos minutos.

A continuación, incorpore el caldo de cocción de las verduras aún caliente, remueva hasta que rompa a hervir y deje que cueza a fuego lento, durante unos minutos. Seguidamente, sazone con sal y pimienta al gusto.

Por último, pase la preparación por la batidora eléctrica, de manera que obtenga una crema suave y sirva caliente.

VICHYSSOISE DE TOMATE

450 ml. de zumo (jugo) de tomate (jitomate)
50 g. de margarina (manteca, mantequilla)
3 puerros (ajos puerros, poros, porros) medianos (sólo la parte blanca) troceados
1 cebolla mediana, picada

3 patatas (papas) medianas, peladas y cortadas en trocitos
300 ml. de caldo de pollo
300 ml. de yogur natural
1 hoja de laurel
Una pizca de nuez moscada (macís) rallada
1 cucharada de cebollinos (cebollas de verdeo), picados
Sal y pimienta blanca molida

Derrita la margarina en una cacerola al fuego, y sofría los puerros, la cebolla y las patatas, a fuego lento y removiendo, durante unos minutos, sin que se doren.

A continuación, añada el caldo, la nuez moscada, la hoja de laurel y sal y pimienta al gusto, tape el recipiente y deje que cueza, a fuego lento, durante unos 20 minutos. Retire del fuego, elimine el laurel, pase la preparación por la batidora eléctrica hasta obtener una crema suave y homogénea y viértala en una sopera.

Por último, incorpore el zumo de tomate y el yogur, rectifique la sazón, e introduzca en el frigorífico antes de servirla muy fría, espolvoreada con los cebollinos finamente picados.

CREMA TEMPLADA DE LANGOSTINOS

Microondas: SI

Congelación: NO

Tiempo de elaboración: MEDIO

Para 4 personas

00 g. de langostinos, pequeños
1 l. de agua, hirviendo

2 cucharadas de puré de patata
(papa), instantáneo
250 ml. de mayonesa
1 cucharada de vino blanco
Perejil picado
Sal

Pele los langostinos, reserve las colas y ponga las cáscaras y las cabezas en una cazuela; cúbralas con el agua hirviendo, sazone y deje que cuezan durante unos 10 minutos, aproximadamente. Cuele el caldo obtenido, vertiéndolo de nuevo en la cazuela, añada el puré de patata y remueva con una cuchara de madera hasta integrarlo perfectamente.

A continuación, agregue las colas de los langostinos reservadas, previamente cortadas por la mitad y continúe cocinando durante 1 minuto.

Seguidamente, ponga la mayonesa en una sopera y agregue, poco a poco y sin dejar de remover, la crema con los langostinos.

Por último, incorpore el vino, mezcle y sirva la crema espolvoreada con el perejil.

REVUELTO DE PISTO

Microondas: NO	
Congelación: NO	
Tiempo de elaboración: LARGO	
Para 4 personas	

2 huevos • 3 cebollas
50 g. de tocino (panceta salada)
entreverado
2 calabacines (calabacitas,
hocos, zapallitos)
3 patatas (papas)
4 pimientos (pimentones) rojos,
de lata
400 g. de tomate (jitomate) al
natural triturado, de lata
2 cucharadas de manteca de
cerdo (grasa animal)
3 cucharadas de aceite
250 ml. de caldo de carne
Sal y pimienta negra molida

Para adornar:
Unas tiras de pimiento
(pimentón) rojo
Unos triángulos de pan frito
Unas ramitas de perifollo
(cerafolio) o perejil

Pique finamente las cebollas; corte en trocitos el tocino, en rodajas los calabacines y las patatas, peladas, y en tiritas los pimientos. Derrita la manteca en una sartén al fuego y rehogue en ella el toci-no y las cebollas, removiendo con una cuchara de madera; cuando esta última esté transparente, agregue los calabacines y las patatas, sale y continúe cocinando. Mientras tanto, caliente el aceite en otra sartén, y rehogue los pimientos; agregue el tomate, sale y cocine, durante unos minutos.

Seguidamente, vierta el tomate y los pimientos en la sartén donde se cocinan los calabacines y las patatas, incorpore el caldo y deje cocer, hasta que el líquido se reduzca y las verduras estén tiernas. Bata los huevos en un cuenco, sazónelos con sal y pimienta al gusto, viértalos sobre las verduras y deje que se cuajen ligeramente, removiendo constantemente con una cuchara de madera.

Por último, pase el revuelto a una fuente, adórnelo con las tiras de pimiento, el pan frito y el perifollo y sirva.

Pique la cebolla, corte en trocitos el tocino (1), y rehóguelos en una sartén, junto con los calabacines y las patatas (2); incorpore el tomate previamente rehogado con los pimientos (3); y vierta por encima el batido de huevos (4).

Pastas, arroces y huevos

Tanto las pastas como los arroces, así como los huevos, son sin duda los alimentos que más popularidad han alcanzado en todos los países del mundo. Las pastas y los arroces representan un aporte muy importante de hidratos de carbono en la dieta, son de fácil digestión y asimilación, y gustan a pequeños y mayores. Los huevos son a su vez uno de los alimentos más completos y nutritivos y que no deben faltar nunca en su frigorífico.

Estos tres alimentos representan la base de multitud de recetas que se realizan igual en casi todos los países, y su preparación no ofrece, en la mayoría de los casos, grandes dificultades. Además, en cada lugar se producen diversidad de platos, acordes con el resto de los productos naturales y de temporada de cada región.

Sin embargo, su principal característica es la variedad de combinaciones posibles con otros alimentos para todo tipo de paladares.

A lo largo de este libro encontrará recetas que con sus ilustraciones paso a paso, le darán la oportunidad de experimentar y con un poco de imaginación le ayudarán a realizar otro sinfín de recetas, tanto tradicionales como innovadoras y para todo tipo de gustos.

ARROZ CON VERDURAS

Microondas: NO

Congelación: SI

Tiempo de elaboración: LARGO

Para 4 personas

400 g. de arroz
100 g. de bacalao (abadejo,
curadillo) seco
3 alcachofas (alcauciles)
1 tomate (jitomate)
2 pimientos (pimentones) secos
200 g. de guisantes (arvejas,
chícharos) desgranados
1 cebolla • 2 dientes de ajo
1 hoja de laurel
1 ramita de tomillo
200 ml. de aceite
1 cucharadita de pimentón
(color, pimentón en polvo)
Unas hebritas de azafrán
(camotillo, cúrcuma, yuquillo)
Unas ramitas de perejil, picado
Sal

Para adornar:
1 cucharada de perejil picado

Ponga el bacalao en remojo en un recipiente cubierto con agua, durante 12 horas, cambiándole varias veces el agua.

El día de la preparación, escurra bien el bacalao y desmenúcelo, con las manos, retirando con mucho cuidado cualquier espina y todas las pieles.

A continuación, pique finamente, el tomate y la cebolla; limpie las alcachofas, eliminando las hojas exteriores, córtelas en cuartos, y pele los ajos, dejándolos enteros. Seguidamente, caliente el aceite en una cazuela al fuego, y rehogue la cebolla, dándole unas vueltas con una cuchara de madera, hasta que esté transparente. Agregue el tomate y el perejil picados, los pimientos, los ajos, las alcachofas, el bacalao, los guisantes, el tomillo y el laurel. Remueva y rehogue durante unos minutos.

1

3

Desmenuce el bacalao desalado con las manos (1) retirando pieles y espinas. Rehogue la cebolla e incorpore las verduras preparadas (2) y el bacalao. Añada el arroz (3) junto con el pimentón y finalmente riegue con el agua hirviendo (4).

Incorpore el arroz, déle unas vueltas con una cuchara de madera y sofría todo junto durante un par de minutos, sin dejar de remover.

Por último, espolvoree con el pimentón, mezcle bien e incorpore el doble en agua hirviendo que el volumen del arroz y el azafrán. Sale e introduzca la cazuela en el horno, previamente calentado a temperatura media hasta que el arroz haya absorbido el líquido y esté seco y suelto.

Retire del horno, espolvoree la superficie con el perejil picado, y sirva inmediatamente.

PASTEL DE MACARRONES

Microondas:	SI
Congelación:	SI
Tiempo de elaboración:	LARGO
Para 4 personas	

300 g. de macarrones (amaretis, mostachones)
500 g. de chirlas o almejas
250 ml. de nata (crema) líquida
3 huevos
Unas ramitas de perejil, picadas
2 dientes de ajo
3 cucharadas de aceite de oliva
1/2 copa de vino blanco
50 g. de queso Emmental rallado
Tomillo, orégano, romero
Sal y pimienta negra, molida

1 cucharada de mantequilla (manteca, margarina) para el molde
Salsa de tomate (jitomate) para acompañar

Ponga una cacerola al fuego con agua abundante con sal y, cuando rompa a hervir, añada los macarrones. Deje cocer durante 10 ó 15 minutos hasta que estén "al dente" y viértalos en un escurridor. Una vez bien escurridos, resérvelos en un recipiente grande.

Lave bien las chirlas, viértalas en una sartén y póngalas a fuego fuerte hasta que se abran. Déjelas enfriar y sepárelas de las conchas. Caliente el aceite en una sartén al fuego, añada los dientes de ajo y dórelos. Incorpore el perejil picado, las chirlas, el vino, las hierbas y sazone con sal y pimienta. Déle unas vueltas, retire del fuego y añádalo a los macarrones.

Seguidamente, bata los huevos en un cuenco grande, junto con la nata. Agregue el queso y bata todo bien. Vierta esta mezcla en el recipiente de los macarrones.

Por último, remueva todo bien y viértalo en un molde rectangular, previamente untado con mantequilla. Ponga el molde al baño María y deje cocer durante 45 minutos, o hasta que esté cuajado. Desmóldelo y sírvalo acompañado con la salsa de tomate.

Si lo desea, reserve algunas chirlas para la decoración.

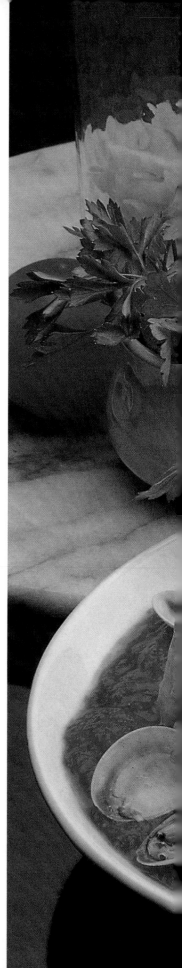

Cueza los macarrones y prepare el sofrito. Bata los huevos, agregue el queso (1) y mezcle bien. Incorpore al recipiente con los macarrones y el sofrito (2), y una vez todo bien mezclado, viértalo en el molde previamente engrasado con mantequilla (3).

AREPAS RELLENAS

Microondas: NO
Congelación: SI
Tiempo de elaboración: LARGO
Para 4 personas

250 g. de harina (de trigo)
250 g. de maicena (fécula de maíz, harina de maíz)
2 cucharaditas de sal
1 cucharadita de azúcar
50 g. de mantequilla (manteca, margarina)
1 huevo
250 ml. de leche
200 g. de queso en lonchas finas
200 g. de jamón en lonchas finas

Primeramente, mezcle las harinas con la sal y el azúcar. Añada la mantequilla ablandada y trabaje con las puntas de los dedos hasta que la mezcla parezca miga de pan desmenuzada.

A continuación, bata el huevo con la leche y añádalos a la mezcla de harinas. Trabaje hasta obtener una masa suave y homogénea y que se despegue de las manos. Seguidamente, vaya formando bolitas del tamaño de una nuez y aplánelas con el rodillo, dándoles forma redonda.

Ponga una lonchita de queso y otra de jamón, encima de la mitad de los redondeles. Cúbralas con los redondeles restantes, presionando los bordes con un tenedor para que no se salga el relleno, y vaya colocándolos en una fuente de horno, untada con un poco de mantequilla.

Finalmente, introduzca la fuente en el horno, precalentado a temperatura alta, hasta que las arepas estén doradas y crujientes.

Las arepas también pueden hacerse fritas y rellenarse con verduras, pollo, etc.

ESPAGUETIS CON RAGU DE CORDERO

Microondas: NO
Congelación: NO
Tiempo de elaboración: LARGO
Para 4 personas

350 g. de espaguetis finos
250 g. de carne magra de cordero (o de ternera -añojo, mamón, novilla-)
30 g. de mantequilla (manteca, margarina)
1 cebolla cortada en tiras finas
4 cucharadas de aceite de oliva
1 cucharadita de pimentón picante (color, páprika)
2 cucharadas de concentrado de tomate (jitomate)
500 ml. de agua caliente
Sal y pimienta negra molida

Corte la carne en dados del tamaño de una nuez y espolvoréelos con pimienta y sal. Ponga al fuego en una cacerola el aceite y la cebolla, rehóguela durante 5 minutos y añada la carne; deje que se dore durante otros 5 minutos, removiendo frecuentemente y, cuando la carne esté dorada, agregue el concentrado de tomate, el pimentón y el agua necesaria para cubrir completamente la carne. Remueva para mezclar bien, tape el recipiente y deje que cueza, a fuego lento, durante 1 1/2 horas.

Cuando la carne esté cocida, retírela, colóquela en un plato y resérvela al calor; incorpore al fondo de cocción que ha quedado en el recipiente el agua caliente y, cuando comience la ebullición, vierta los espaguetis y deje que cuezan durante unos 10-15 minutos, removiendo con frecuencia. La pasta debe quedar "al dente" y absorber todo el líquido. Una vez terminada la cocción, sale, agregue la mantequilla, remueva bien, vierta los espaguetis en una fuente honda y cúbralos con la carne. Sirva enseguida.

TALLARINES CON PIMIENTOS

Microondas: NO
Congelación: NO
Tiempo de elaboración: LARGO
Para 8 personas

1 kg. de tallarines
2 cebollas medianas cortadas en aros finos
100 g. de mantequilla (manteca, margarina)
6 pimientos (pimentones) verdes asados, sin semillas y cortados en tiras
400 ml. de nata (crema) líquida
200 g. de queso mozzarella (musarela)
200 g. de queso parmesano rallado
Sal y pimienta negra molida

Ponga una cazuela grande con agua y sal al fuego. Cuando el agua rompa a hervir, vierta los tallarines y deje cocer hasta que estén "al dente".

Mientras tanto, caliente la mantequilla en una sartén al fuego y cocine las cebollas lentamente hasta que estén transparentes. Agregue los pimientos y cocine todo junto durante 2 ó 3 minutos. Incorpore la nata y el queso mozzarella desmenuzado y deje cocer a fuego lento hasta que el queso se derrita completamente. Sazone con sal y pimienta y retire del fuego.

A continuación, vierta los tallarines cocidos en un colador grande. Cuando estén bien escurridos, páselos a una fuente de servir, incorpore la salsa de pimientos preparada y mezcle todo bien. Finalmente, espolvoréelos con queso parmesano y adórnelos con un chorrito de nata líquida.

1

2

3

Ponga una cazuela con agua al fuego, añada la mantequilla (1) y deje que rompa a hervir. Agregue los espaguetis y déjelos cocer. Mientras tanto, sofría los ingredientes de la salsa (2) y cuando los espaguetis estén cocidos, mézclelos con la salsa de gambas preparada (3), removiendo todo bien.

ESPAGUETIS MARINEROS

Microondas:	SI
Congelación:	SI
Tiempo de elaboración:	MEDIO
Para 4 personas	

350 g. de espaguetis
3 dientes de ajo, picados
350 g. de gambas grandes o langostinos
2 cucharadas de perejil picado
2 cucharadas de aceite de oliva
1 copa de vino blanco

Un trozo de guindilla (ají, chile) (opcional)
1 cucharada de mantequilla (manteca, margarina)
Sal

Ponga una cazuela al fuego con agua abundante. Añádale la mantequilla y sal y cuando rompa a hervir, incorpore los espaguetis. Deje cocer, removiéndolos de vez en cuando, para que no se peguen, hasta que estén "al dente". Mientras tanto, caliente el aceite en una sartén al fuego. Añada los

ajos, y dórelos ligeramente. Agregue la guindilla si la utiliza, el perejil y las gambas peladas y saltee todo a fuego vivo.

A continuación, riegue con el vino, deje cocer todo junto un par de minutos, y aparte del fuego.

Cuando los espaguetis estén en su punto, viértalos en un colador grande y, una vez bien escurridos, póngalos en una fuente.

Por último, incorpore la salsa de gambas preparada, remueva para que los espaguetis se impregnen bien y sírvalos muy calientes.

FIDEOS CON MARISCOS

Microondas:	SI
Congelación:	SI
Tiempo de elaboración:	LARGO
Para 6 personas	

600 g. de fideos medianos
3 cucharadas de aceite de oliva
6 cigalas • 350 g. de gambas
(langostinos pequeños)
250 g. de chipirones (o
calamares pequeños) (jibiones,
lulas)
200 g. de tomates (jitomates) al
natural triturados

1 1/2 l. de caldo de pescado
Un trocito de guindilla (ají,
chile)
3 dientes de ajo
Una ramita de perejil • Sal

Caliente el aceite en una paella o sartén, añada las cigalas y las gambas y saltéelas; retírelas, incorpore los chipirones limpios y cortados en aros, y sofríalos.
A continuación, retire los chipirones de la paella, vierta en ésta el tomate y fríalo. Incorpore el caldo de pescado, la guindilla y los ajos, previamente machacados en un mortero, junto con el perejil, sazone con un poco de sal y deje que cuezan durante unos minutos. Por último, incorpore los fideos, los chipirones, las gambas, sin cabezas, y las cigalas, y continúe la cocción hasta que los fideos estén en su punto y el líquido de cocción se haya consumido.

Caliente el aceite en la paella, saltee las gambas y las cigalas (1), retírelas, y a continuación rehogue los chipirones. Fría el tomate (2), incorpore el caldo (3), cueza y agregue los fideos (4) y los pescados.

ARROZ AL AJO

Microondas: NO
Congelación: SI
Tiempo de elaboración: LARGO
Para 4 personas

400 g. de arroz
4 alcachofas (alcauciles)
1 pimiento (pimentón) rojo
Unas hebras de azafrán
(camotillo, cúrcuma, yuquillo)
5 cucharadas de aceite
5 dientes de ajo finamente
picados
Caldo de gallina (el doble de
cantidad que el volumen del
arroz)
300 g. de habas (fabas),
desgranadas
1 cebolla finamente picada • Sal

Ponga el arroz en un colador grande, páselo bajo el chorro del agua fría y deje que escurra.
Limpie cuidadosamente las alcachofas, córtelas en gajos y cuézalas en un poco de agua salada.
Abra el pimiento rojo por la mitad, elimine el corazón y las semillas y córtelo en trocitos.
Seguidamente, caliente el aceite en una cazuela de barro al fuego y rehogue los ajos y la cebolla, hasta que esta última esté transparente. Agregue el arroz y deje que se sofría ligeramente, a fuego lento, y removiendo constantemente. Incorpore el caldo, previamente calentado, suba el fuego y añada las alcachofas, las habas, el pimiento, el azafrán y sal al gusto.
Por último, introduzca la cazuela en el horno, previamente calentado a temperatura media, y cocine hasta que el arroz esté en su punto y el caldo se haya consumido.

Sofría los ajos y la cebolla,
agregue el arroz (1), rehóguelo,
incorpore el caldo (2) y a
continuación las verduras (3).

EMPANADILLAS
DE CARNE

Microondas:	NO
Congelación:	SI
Tiempo de elaboración:	LARGO
Para 4 personas	

Para la masa:
800 g. de harina (de trigo)
150 ml. de aceite
2 huevos
1 vasito de agua
Sal

Para el relleno:
250 g. de carne de añojo
(mamón, novilla, ternera),
picada (molida)
100 g. de jamón serrano (crudo)
2 huevos cocidos
50 ml. de aceite
250 g. de cebollas, finamente
picadas
2 dientes de ajo, finamente
picados
Unas ramitas de perejil,
finamente picado
1 vaso de vino blanco
1 huevo • Sal

Ponga la harina en un cuenco, déle forma de volcán y vierta en el centro el aceite, los huevos, el agua y un poco de sal.

Amase con las puntas de los dedos y trabaje hasta obtener una masa suave y homogénea, que no se pegue a las manos. Póngala en un cuenco y deje reposar, tapada con un paño de cocina.

A continuación, caliente el aceite en una sartén al fuego, agregue las cebollas, los ajos y el perejil, y cuando las cebollas estén doradas, incorpore la carne, el jamón y los huevos cocidos, finamente picados. Sofría todo junto, incorpore el vino, sale y cocine hasta que el líquido se haya evaporado. Seguidamente, extienda la masa con un rodillo, sobre una superficie de trabajo enharinada. Dóblela dos o tres veces, extendiéndola

de nuevo, y déjela con un espesor de unos 3 milímetros.

Vierta una cucharada de relleno sobre la masa, forme una empanadilla, presionando los bordes para que no se salga el relleno, córtela y colóquela en una fuente para horno.

Vaya formando empanadillas y cuando haya terminado úntelas con un pincel mojado en el huevo, previamente batido.

Por último, introdúzcalas en el horno, previamente calentado a temperatura media, hasta que las empanadillas estén bien cocidas y crujientes.

Sírvalas calientes, adornando la fuente a su gusto.

Ponga la harina en un cuenco, junto con el aceite (1), el agua, la sal y los huevos, y amase hasta formar una masa homogénea. Prepare el relleno en una sartén (2) y cuando esté cocinado, extienda la masa con el rodillo (3). Ponga una cucharada de relleno sobre la masa (4) y forme las empanadillas.

3

ARROZ CON EMBUTIDOS

Microondas: NO
Congelación: NO
Tiempo de elaboración: LARGO
Para 6 personas

500 g. de arroz
4 cucharadas de aceite
2 dientes de ajo
Una ramita de perejil
100 g. de chorizo picante, picado
100 g. de jamón serrano (crudo),
cortado en trocitos
50 g. de longaniza, picada
100 g. de guisantes (arvejas,
chícharos)
1 pimiento (pimentón) rojo,
asado y pelado
100 g. de corazones de
alcachofas (alcauciles)
Caldo de carne • 4 huevos
Unas hebras de azafrán
(camotillo, cúrcuma, yuquillo)
2 cucharadas de queso
parmesano rallado

Caliente el aceite en una cazuela de barro al fuego y fría los ajos. Cuando estén bien dorados, retírelos de la sartén con una espumadera y macháquelos en un mortero junto con el perejil.

Sofría en la grasa que ha quedado en la cazuela el jamón, el chorizo y la longaniza, remueva y agregue los guisantes, el pimiento y las alcachofas; incorpore el arroz, deje que se rehogue ligeramente, removiendo, añada el doble de cantidad de caldo que el volumen del arroz, el majado de ajo y perejil y el azafrán y mezcle bien.

Seguidamente, introduzca la cazuela en el horno, previamente calentado a temperatura media, durante 10 minutos.

Mientras tanto, bata los huevos, retire la cazuela del fuego, vierta sobre el arroz los huevos batidos, espolvoree con el queso y cocine en el horno, con el gratinador encendido, unos 10 minutos más.

LASAÑA CON CARNE

Microondas: NO
Congelación: SI
Tiempo de elaboración: LARGO
Para 4 personas

250 g. de lasaña
750 ml. de salsa bechamel
(besamel, salsa blanca)
5 cucharadas de queso rallado
1 cucharada de mantequilla
(manteca, margarina)

Para el relleno:
2 cucharadas de mantequilla
(manteca, margarina)
500 g. de carne de cerdo
(cochino, chancho, lechón),
picada (molida)
1 cebolla, picada
1 tallo de apio, finamente picado
4 cucharadas de tomate
(jitomate) frito
4 cucharadas de vino blanco
250 ml. de caldo
Sal y pimienta recién molida

Prepare el relleno: derrita la mantequilla en una sartén y sofría la cebolla y el apio. Añada la carne y rehogue hasta que esté dorada; incorpore el vino y cocine a fuego vivo, hasta que reduzca; agregue los ingredientes restantes y cocine, a fuego lento, 30 minutos.

Caliente abundante agua salada en una cacerola, añada la lasaña y cuézala hasta que esté "al dente"; retire del recipiente las tiras de lasaña, con mucho cuidado, y deje que escurran sobre un paño.

Unte con la mantequilla una fuente refractaria, cubra el fondo con una capa del preparado de carne, extienda sobre ésta unas tiras de lasaña y vierta por encima un poco de salsa bechamel; continúe así, a capas alternadas, hasta que se agoten los ingredientes.

Espolvoree la superficie con el queso rallado e introduzca en el horno, precalentado a temperatura alta, durante 15 ó 20 minutos.

GRATIN DE PASTA Y VERDURAS

Microondas:	NO
Congelación:	NO
Tiempo de elaboración:	LARGO
Para 6 personas	

500 g. de pasta menuda (plumas, tiburón, macarrón cortado, espirales, lazos, etc.)
2 pimientos (pimentones) verdes
4 tomates (jitomates) medianos
1 calabacín (calabacita, hoco, zapallito) pequeño
1 cebolla mediana

4 huevos
1 cucharadita de maicena (fécula de maíz, harina de maíz)
250 ml. de leche
200 g. de chorizo (tipo salami -salame, salchichón-)
250 g. de queso en lonchas
1 cucharada de mantequilla (manteca, margarina)
Sal y pimienta molida

Ponga una cazuela al fuego con abundante agua con sal y cuando rompa a hervir, vierta la pasta y los pimientos cortados en ruedas. Cuando la pasta esté "al dente", viértala en un escurridor. Separe los pimientos y resérvelos.

Mientras tanto, corte el calabacín, los tomates y la cebolla, en rodajas. Engrase una fuente refractaria con la mantequilla y vierta en ella la pasta escurrida. Coloque sobre ella los pimientos, el calabacín, los tomates y la cebolla, intercalando con el chorizo y el queso. Seguidamente, bata en un cuenco los huevos junto con la leche, la maicena y sal y pimienta al gusto. Vierta esta mezcla sobre el preparado anterior e introduzca en el horno, precalentado a temperatu-ra media durante 10 ó 15 min-tos, hasta que las verduras est tiernas y la superficie dorada.

Cueza la pasta junto con los pimientos (1) y corte en rodajas la cebolla, el calabacín y los tomates (2). Vierta la pasta en una fuente refractaria y forme capas con las verduras, el chorizo y el queso (3). Bata los huevos con la maicena y la leche, vierta sobre el preparado anterior (4) y hornee.

1

3

ARROZ CON VINO

Microondas: NO
Congelación: SI
Tiempo de elaboración: LARGO
Para 6 personas

500 g. de arroz
1 pollo pequeño
3 tomates (jitomates) medianos,
picados
3 pimientos (pimentones) rojos
1 cebolla mediana, picada
3 dientes de ajo, pelados
Caldo de carne, doble volumen
que de arroz
1 vaso de vino blanco
50 g. de manteca de cerdo (grasa
animal)
2 hojas de laurel
2 clavos de olor (de especias)
3 cucharadas de aceite
Sal y pimienta, molida

Lave bien el pollo, séquelo con papel de cocina, trocéelo y sazónelo. Derrita la manteca en una cazuela, agregue los ajos enteros y la cebolla, y fría a fuego lento hasta que la cebolla esté transparente. Incorpore el pollo y déle unas vueltas hasta que esté dorado. Añada el laurel, los clavos de olor y pimienta. Rocíe con el vino y deje cocer a fuego moderado hasta que el pollo esté tierno.

Caliente el aceite en una sartén y fría 2 pimientos previamente picados y los tomates. Cuando estén fritos, y el pollo tierno, agréguelos a la cazuela junto con el arroz. Déles unas vueltas, rocíe con el caldo de carne y deje cocer a fuego medio, durante unos 10 minutos.

Mientras tanto, ase el pimiento restante, pélelo y reserve.

Finalmente, pasados los 10 minutos, tape la cazuela e introdúzcala en el horno, previamente calentado a temperatura media-baja, hasta que el arroz esté cocido. Retire del horno, vierta en una fuente de servir y adorne la superficie con el pimiento asado.

Rehogue la cebolla y los ajos, agregue el pollo troceado y fríalo hasta que esté dorado (1). Añada el laurel, los clavos de olor y el vino (2) y deje cocer hasta que esté tierno. Incorpore el sofrito de pimientos y tomates junto con el arroz (3), déles unas vueltas, rocíe con el caldo y cueza. Vierta en una fuente de servir y adorne con el pimiento asado (4).

3

PIZZA NAPOLITANA

Microondas: SI
Congelación: NO
Tiempo de elaboración: MEDIO
Para 2 pizzas

Para la masa:
250 g. de harina (de trigo)
6 cucharadas de leche tibia
1 cucharada de levadura en polvo (polvo de hornear)
4 cucharadas de aceite de oliva
1 huevo • Sal

Para el relleno:
500 g. de tomate (jitomate) triturado
2 cucharadas de aceite de oliva
1 cebolla, finamente picada
1 diente de ajo, picado
1 cucharada de orégano, desmenuzado
150 g. de queso mozzarella (musarela)

1 lata de anchoas (anchovetas, boquerones)
10-12 aceitunas (olivas) negras
Sal y pimienta negra, molida

Tamice la harina junto con la levadura y la sal en un cuenco. Déle forma de volcán y vierta en el centro el huevo, la leche y el aceite. Trabaje con las manos hasta conseguir una masa suave y homogénea, tape con un paño y deje reposar en un lugar templado durante 20 minutos hasta que doble su volumen.

Prepare el relleno: caliente el aceite en una sartén al fuego. Cuando esté caliente, añada el ajo y la cebolla y rehogue a fuego lento hasta que la cebolla esté transparente. Agregue el tomate y deje freír a fuego lento durante 10 minutos. Incorpore la mitad del orégano, sazone con sal y pimienta, mezcle bien y retire del fuego.

A continuación, divida la masa en 2 partes y extiéndalas dándoles forma redonda. Colóquelas en una bandeja de horno y reparta sobre ellas el sofrito.

Seguidamente, ponga sobre el tomate el queso troceado o picado. Coloque sobre el queso las anchoas y las aceitunas, espolvoree con el orégano restante e introduzca en el horno, previamente calentado a temperatura media-alta, durante 25 ó 30 minutos.

Tamice la harina junto con la levadura y la sal. Añada el aceite, el huevo (1) y la leche. Amase y deje reposar. Dore la cebolla, añada el tomate y fríalo (2). Extienda la masa y cúbrala con el tomate (3). Reparta el queso, espolvoree con el orégano (4), coloque las anchoas y las aceitunas, y hornee.

ARROZ PEKINES

Microondas:	SI
Congelación:	SI
Tiempo de elaboración:	LARGO
Para 4 personas	

300 g. de arroz de grano largo, cocido
3 cucharadas de aceite
1 ramita de apio, picada

2 zanahorias medianas, cortadas en juliana
1 pimiento (pimentón) verde, picado
1 cebolleta, finamente picada
150 g. de carne de cerdo (cochino, chancho, lechón), picada (molida)
2 cucharadas de salsa de soja (soya)
2 huevos • Sal

Para adornar:
8 gambas o langostinos, cocidos

Caliente 2 cucharadas de aceite en una sartén al fuego, añada las verduras y cocínelas hasta que estén tiernas.

A continuación, agregue la carne, mezcle bien y deje freír durante unos minutos, hasta que esté tierna. Incorpore la salsa de soja y el arroz cocido, déle unas vueltas retire del fuego.

Bata los huevos en un cuenco, s zónelos, viértalos en una sartén fuego con el aceite restante, y r mueva hasta que estén cuajados. Por último, incorpórelos a la sa tén con el arroz y las verdura ponga al fuego, mezcle todo bi a fuego vivo, y sirva adornan con las gambas cocidas.

COMBINADO DE ARROZ

Microondas:	NO
Congelación:	NO
Tiempo de elaboración:	MEDIO
Para 4 personas	

350 g. de arroz cocido
2 dientes de ajo, picados

4 huevos • 8 salchichas frescas
4 plátanos (bananas, bananos, cambures)
1 cucharada de mantequilla (manteca, margarina)
100 ml. de aceite de oliva
Salsa de tomate (jitomate) • Sal

Caliente tres cucharadas de aceite en una sartén al fuego, añada los ajos y dórelos. A continuación, rehogue a fuego vivo el arroz, sazonándolo con un poco de sal. Seguidamente, pinche las salchichas con un tenedor y póngalas en otra sartén al fuego dándoles vueltas hasta que estén doradas.

En sartén aparte, derrita la mantequilla y cuando esté muy caliente pase por ella, rápidamente, los plátanos, cortados en sentido longitudinal, para que se doren pero no se deshagan.

Por último, fría en otra sartén con el aceite restante los huevos, y vaya colocándolos en los platos en los cuales los servirá.

Monte los platos como en la ilustración y sirva acompañados con la salsa de tomate.

ARROZ CON BERBERECHOS

Microondas:	SI
Congelación:	NO
Tiempo de elaboración:	LARGO
Para 4 personas	

350 g. de arroz de grano redondo
500 g. de berberechos (chipi-chipis)
150 g. de pimientos (pimentones) rojos
3 dientes de ajo, picados
2 cucharadas de vino blanco seco
5 cucharadas de aceite de oliva
1 1/2 l. de agua
Sal

Ponga los berberechos en un colador y lávelos bien bajo el chorro del agua fría para que suelten toda la arena que contengan. Viértalos en una cazuela con el agua, ponga al fuego y cuando los berberechos se abran, retire del fuego, saque los berberechos, cuele el caldo y reserve por separado.
Introduzca los pimientos en el horno, precalentado a temperatura media-alta, y áselos durante unos minutos; retírelos del horno, deje que se templen y pélelos.

Caliente el aceite en una cazuela al fuego y dore los ajos picados. Incorpore los pimientos asados, sin semillas y cortados en tiras, y fría ambos durante unos minutos; vierta en la batidora junto con un poco del caldo de los berberechos y bata bien.
Seguidamente, vierta el batido en la cazuela al fuego, añada el vino blanco e incorpore el caldo restante. Sazone con sal al gusto y cuando rompa a hervir, agregue el arroz y deje cocer, a fuego lento durante 10 minutos.
Por último, incorpore los berberechos y deje cocer hasta que el arroz esté en su punto. Vierta en una fuente de servir, adorne con una ramita de perejil y sirva.

Lave bien los berberechos, viértalos en una cazuela con agua (1), y póngalos al fuego hasta que se abran. En una cazuela con el aceite caliente, fría los ajos y los pimientos (2). Páselos por la batidora, incorpore a la cazuela el puré obtenido, el vino, el caldo de los berberechos y el arroz (3) y cuando esté a medio hervir, agregue los berberechos (4) y termine la cocción.

3

HUEVOS SERRANOS

Microondas: NO

Congelación: NO

Tiempo de elaboración: LARGO

Para 4 personas

4 huevos
4 tomates (jitomates) grandes
50 g. de jamón serrano (crudo)
100 g. de queso rallado
50 g. de mantequilla (manteca, margarina)
Aceite de oliva para freír • Sal
Perejil para adornar

Para acompañar:
Patatas (papas) fritas

Lave los tomates bajo el chorro del agua fría, séquelos cuidadosamente con papel absorbente de cocina y quíteles una tapita de la parte superior.

A continuación, vacíelos con ayuda de una cucharilla, teniendo mucho cuidado para que no se rompa la piel.

Derrita la mitad de la mantequilla en un cacito al fuego, distribúyala, a partes iguales, dentro de los tomates y sazone éstos con sal al gusto.

Pique finamente el jamón serrano, distribúyalo entre los tomates y colóquelos, de pie, en una fuente refractaria.

Seguidamente, caliente abundante aceite en una sartén honda y pequeña, al fuego y fría en ella los huevos, de uno en uno.

Según vayan estando fritos, colóquelos sobre los tomates previamente preparados, espolvoréelos con el queso rallado y vierta por encima la mantequilla restante, previamente fundida.

Por último, introduzca la fuente en el horno, con el gratinador encendido, hasta que la superficie de la preparación esté bien dorada y sirva los huevos enseguida acompañados de las patatas fritas y adornados con las ramitas de perejil.

*Lave los tomates y séquelo
vacíelos con ayuda de un
cucharilla (1), y distribuya ent
ellos el jamón serran
previamente picado (2). Fría l
huevos (3), colóquelos sobre l
tomates preparado
espolvoréelos con el que
rallado (4), y gratínelo*

PASTA VERDE CON HONGOS

Microondas: SI	
Congelación: SI	
Tiempo de elaboración: MEDIO	
Para 4 personas	

250 g. de pasta verde (cintas, espaguetis, etc.)
4 cucharadas de aceite
4 dientes de ajo, fileteados
1 punta de guindilla (ají, chile)
300 g. de hongos o champiñones
(callampas), lavados y troceados
Sal

Para adornar:
Unas hojitas de perejil

Ponga una cazuela al fuego con abundante agua con sal. Cuando rompa a hervir, añada la pasta y deje cocer hasta que esté "al dente". Viértala en un colador y deje escurrir.

Mientras cuece la pasta, caliente el aceite en una sartén grande, al fuego. Añada los ajos y la guindilla cortada en tiritas y sofríalos ligeramente. Agregue los hongos, sazone y rehogue todo junto durante unos 10 ó 12 minutos, aproximadamente.

Una vez cocida la pasta y escurrida, viértala en la sartén de los hongos, mezcle todo bien y sirva muy caliente, adornando si lo desea con unas hojitas de perejil.

PASTA AROMATICA

Microondas: SI	
Congelación: NO	
Tiempo de elaboración: LARGO	
Para 4 personas	

350 g. de pasta corta
200 g. de salchichas frescas
4 cucharadas de aceite de oliva
1 diente de ajo, aplastado
500 g. de tomates (jitomates)
Unas hebras de azafrán
(camotillo, cúrcuma, yuquillo)
Unas hojas de albahaca
Queso de oveja curado rallado
Media hoja de laurel • Sal

En una cazuela al fuego con una cucharada de aceite, dore las sal-chichas pinchadas y cortadas e trocitos; retírelas y resérvel aparte. Añada al fondo de co ción de las salchichas el acei restante y el diente de ajo; cuan éste se haya dorado retírelo, i corpore los tomates, pelados y geramente troceados, el azafrá el laurel y sal y deje que cuez removiendo de vez en cuando.

Cuando la salsa se haya espes do, retire el laurel y agregue la bahaca picada, las salchichas sal. En cuanto todo esté calien y los sabores se hayan ligad bien, condimente con esta salsa pasta previamente cocida "al de te" y escurrida; espolvoréela c el queso y sirva enseguida.

MACARRONES CON COSTILLAS

Microondas: SI
Congelación: SI
Tiempo de elaboración: LARGO
Para 4 personas

250 g. de macarrones
1 cebolla pequeña, finamente picada
150 g. de costillas (chuletas, palos) de cerdo (cochino, chancho, lechón), troceadas
4 salchichas frescas, troceadas
500 g. de tomate (jitomate) triturado
1 cucharada de foie-gras • Sal
Queso rallado (opcional)

Ponga una cazuela al fuego con agua abundante con sal. Cuando rompa a hervir, añada los macarrones y deje cocer hasta que estén "al dente". Viértalos en un colador y deje escurrir.

A continuación, ponga una sartén al fuego, añada las costillas y las salchichas, y saltéelas para que suelten parte de su grasa. Retírelas y reserve. En la grasa que haya quedado en la sartén, fría la cebolla, lentamente, hasta que esté transparente. Incorpore el tomate y deje freír 15 minutos. Seguidamente, aparte del fuego, añada el foie-gras y remueva todo bien. Por último, vierta los macarrones en una fuente grande de servir, añádales las costillas y las salchichas, rocíe con la salsa, mezcle todo bien y sirva, con el queso rallado, si lo desea, en un platito aparte.

TORTILLA EN SALSA

Microondas:	NO
Congelación:	NO
Tiempo de elaboración:	LARGO
Para 4-6 personas	

6 huevos
250 g. de calabacines
(calabacitas, hocos, zapallitos)
250 g. de zanahorias
250 g. de berenjenas
250 g. de patatas (papas)
1 cebolla
1 diente de ajo
1 vasito de vino blanco
1 cucharadita de pimentón
(color, pimentón en polvo)
1 cucharada de harina (de trigo)
1 hoja de laurel
Aceite para freír
Unas ramitas de perejil
*Sal y pimienta negra, recién
molida*

Pele los calabacines, las patatas y las berenjenas y raspe las zanahorias; corte estas verduras en rodajas finas y sálelas a su gusto.

Pique finamente el ajo, junto con la cebolla y el perejil y reserve este picadillo.

A continuación, caliente abundante aceite en una sartén al fuego, añada las verduras cortadas en rodajas y cocine, removiendo frecuentemente, hasta que estén bien tiernas.

Seguidamente, bata los huevos en un cuenco, mézclelos con las verduras cocinadas, previamente escurridas y vierta el preparado en una sartén al fuego ligeramente engrasada con aceite. Cocine hasta que la tortilla esté cuajada por un lado, déle la vuelta y cuájela por el otro. Retírela de la sartén, y colóquela en una cazuela honda.

Caliente dos cucharadas de aceite en una sartén al fuego y fría en ella el picadillo de ajo, cebolla y perejil; agregue, removiendo con una cuchara de madera, la harina, el pimentón, el vino blanco y un

1 *Limpie las verduras, córtelas en rodajas (1) y sálelas; rehogue las verduras preparadas (2); mezcle los huevos batidos con las verduras rehogadas y prepare la tortilla (3); sofría el ajo picado junto con la cebolla y el perejil, añada la harina, el pimentón, el vino y agua, pase la salsa por un pasapurés, vertiéndola sobre la tortilla (4) y cocine.*

3

vaso de agua, y sazone con sal y pimienta al gusto. Retire la preparación del fuego y pásela por un pasapurés, dejando caer el puré obtenido sobre la tortilla.

Por último, añada la hoja de laurel, ponga la cazuela al fuego y cocine unos 10 minutos, aproximadamente. Retire la hoja de laurel, desechándola, y sirva, adornada con unas ramitas de perifollo y unas tiras de zanahoria.

HUEVOS MULTICOLOR

Microondas: NO
Congelación: NO
Tiempo de elaboración: LARGO
Para 4 personas

4 huevos
2 calabacines (calabacitas,
hocos, zapallitos), medianos
2 cebollas (o cebollas tiernas
moradas), picadas
8 ó 10 tomatitos de jardín
1 diente de ajo, finamente picado
100 g. de bacon (panceta
ahumada, tocineta), cortado en
trocitos
2-3 cucharadas de aceite
2 ó 3 pimientos (pimentones)
de lata
Una ramita de perejil finamente
picado
Sal y pimienta negra molida

Lave los calabacines y los tomates, séquelos y corte los primeros
en tiras largas de aproximadamente 1 centímetro de ancho y
los tomates en gajos; corte también en tiras los pimientos.
Seguidamente, caliente el aceite
en una sartén al fuego, añada el
bacon, los calabacines, las cebollas y el ajo, y deje que se rehoguen hasta que todo esté tierno.
Sazone con sal y pimienta al gusto, agregue los pimientos y los tomatitos y continúe cocinando, durante unos minutos.
A continuación, casque los huevos en la sartén, tape, baje el fuego y cocine hasta que los huevos
estén cuajados. Sirva muy calientes, espolvoreados con el perejil.

Corte en tiras los pimientos
(1); caliente el aceite
en una sartén, añada el
bacon, las cebollas, el ajo y
los calabacines (2) y
rehóguelos. Casque en la
sartén los huevos (3), tape el
recipiente y cocine.

HUEVOS EN CORONA

Microondas:	NO
Congelación:	NO
Tiempo de elaboración:	LARGO
Para 4 personas	

8 huevos
1 kg. de patatas (papas)
150 g. de jamón serrano (crudo),
cortado en daditos
150 g. de chorizo, cortado en
rodajas
250 g. de tomate (jitomate) al
natural, triturado, de lata
1 cebolla mediana, finamente
picada
200 g. de guisantes (arvejas,
chícharos) frescos,
desgranados
5 cucharadas de aceite de oliva
Sal y pimienta negra, recién
molida

Pele las patatas, viértalas enteras, en una cazuela con agua hirviendo salada, y cuézalas; escúrralas y córtelas en daditos.

En un cacito aparte, ponga a hervir agua ligeramente salada, añada los guisantes y cuézalos durante 15 minutos.

Caliente el aceite en una sartén al fuego, añada la cebolla picada y deje que se rehogue, a fuego lento, hasta que esté transparente;

agregue el tomate triturado y continúe cocinando hasta que éste esté frito.

A continuación, incorpore las patatas, el jamón y el chorizo, sazone con sal y pimienta al gusto y continúe cocinando, a fuego lento, durante aproximadamente unos 15 minutos.

Seguidamente, pase la preparación a una fuente refractaria y casque encima los huevos.

Por último, adorne con los guisantes e introduzca en el horno, previamente calentado a temperatura media, hasta que las claras estén cuajadas.

Cueza las patatas peladas,
escúrralas y córtelas
en daditos (1),
fría el tomate junto con la
cebolla (2),
añada las patatas, el jamón (3) y
el chorizo y rehogue.
Pase la preparación a una
fuente refractaria,
casque encima los huevos (4),
adorne con los guisantes y
hornee.

HUEVOS A LA MOSTAZA

Microondas: SI
Congelación: NO
Tiempo de elaboración: MEDIO
Para 4 personas

8 huevos
70 g. de mantequilla (manteca margarina)
150 ml. de nata (crema) líquida
2 cucharaditas de mostaza francesa
Sal y pimienta negra, recién molida
Perifollo (cerafolio) o perejil, picado, para adornar

rrita la mantequilla en un caci-
al fuego y distribúyala en cua-
o cazuelitas refractarias.

continuación, casque en cada
a de ellas dos huevos, sazóne-
s con sal y pimienta al gusto e
troduzca las cazuelitas en el
rno, previamente calentado a
mperatura media, durante unos
0 minutos, aproximadamente.

ientras tanto, vierta en un cuen-
o la nata, añada la mostaza y
ezcle bien.

or último, retire las cazuelitas
el horno, vierta la mezcla de na-
y mostaza sobre los huevos e
trodúzcalas de nuevo en el hor-
o durante unos 2 minutos.

rva enseguida adornados con el
rifollo o perejil picado.

la izquierda: Soufflé de
rduras. Abajo: Huevos a la
ostaza.

SOUFFLE DE VERDURAS

Microondas: NO
Congelación: NO
Tiempo de elaboración: LARGO
Para 4 personas

250 g. de patatas (papas),
cocidas y peladas
250 g. de verduras variadas
(coliflor -brecolera, brócul-,
zanahorias, nabos -nabas,
coyochos-, coles -repollitos- de
Bruselas) cocidas
4 cucharadas de nata (crema)
líquida
3 huevos
200 g. de queso rallado
1 cucharada de mantequilla
(manteca, margarina)
Sal y pimienta negra molida

Pase las patatas junto con las verduras por un pasapurés y vierta el
puré obtenido en un cuenco.
Separe las yemas de huevo de las
claras e incorpore las primeras al
puré junto con la nata y el queso
y salpimente al gusto.
Bata las claras a punto de nieve e
incorpórelas con cuidado al puré.
Por último, vierta la preparación
en un molde para soufflé de 18

centímetros de diámetro, previamente engrasado con la mantequilla, e introduzca en el horno,
precalentado a temperatura alta,
durante aproximadamente 20 minutos o hasta que el soufflé esté
bien inflado y dorado.

TORTILLA DE CEBOLLA

Microondas: NO
Congelación: SI
Tiempo de elaboración: LARGO
Baja en calorías
Para 4 personas

200 g. de cebollas
6 huevos
40 g. de mantequilla (manteca,
margarina)
1 cucharada de aceite
Sal y pimienta

Pele las cebollas, lávelas, séquelas y córtelas por la mitad en sentido horizontal, apoye la parte
cortada sobre una tabla de cocina
y pique las cebollas muy finamente. Fríalas a fuego muy lento,
en una sartén con la mantequilla,
teniendo cuidado para que no tomen color, sálelas, tape el recipiente y resérvelas al calor.
Bata en un cuenco los huevos con
sal y pimienta, añada las cebollas
rehogadas, bata de nuevo para
que se mezclen los ingredientes,
y vierta todo en una sartén al fue-

go, donde previamente habrá calentado el aceite. Cuaje durante
unos minutos por cada lado de
manera que la tortilla resulte dorada por la superficie pero blanda
por dentro y sírvala.

TORTILLA DE ATUN

Microondas: NO
Congelación: SI
Tiempo de elaboración: LARGO
Para 4 personas

6 huevos
100 g. de atún en aceite
100 g. de gambas (langostinos
pequeños) peladas (pueden ser
congeladas)
100 g. de mantequilla (manteca,
margarina)
1 cebolla grande
1 diente de ajo
1 tomate (jitomate) maduro
Una pizca de pimentón picante
(color, páprika)
Sal

Pique el ajo y la cebolla, triture el
tomate, pelado y sin semillas, y
desmenuce el atún.
Bata en un cuenco, los huevos
con un poco de sal y el pimentón.
Derrita en una cacerola la mitad
de la mantequilla, añada el ajo, la
cebolla, el tomate, el atún y las
gambas y deje que se rehoguen, a
fuego lento, durante 15 minutos,
removiendo de vez en cuando.
Ponga la mantequilla restante en
una sartén al fuego y, cuando esté
bien caliente, vierta los huevos y
haga que se extiendan uniformemente sobre el fondo de la sartén.
En cuanto los huevos empiecen a
cuajarse vierta en el centro la
mezcla anteriormente preparada,
doble la tortilla con la ayuda de
una espátula y sírvala enseguida
muy caliente.

EMPANADA DE ATUN

Microondas:	NO
Congelación:	SI
Tiempo de elaboración:	LARGO
Para 6 personas	

Para la masa:
700 g. de harina (de trigo)
50 ml. de aceite frito
50 ml. de vino blanco
1 cucharadita de levadura en
polvo (polvo de hornear)
1 huevo batido
Sal

Para el relleno:
200 g. de atún en aceite,
escurrido y troceado
2 huevos duros, cortados en
rodajas
1 pimiento (pimentón) de lata,
troceado
4 corazones de alcachofas
(alcauciles), cocidas, cortadas en
4 trozos
300 g. de tomate (jitomate) frito
2 cucharadas de aceite
1 cebolla mediana, finamente
picada
Sal y pimienta

Tamice la harina sobre un cuenco, déle forma de volcán y vierta en el centro el vino y el aceite; añada la levadura y sal y amase hasta obtener una masa suave y homogénea.

Prepare el relleno: caliente el aceite en una sartén al fuego, añada la cebolla picada y deje que se rehogue hasta que esté ligeramente dorada; escúrrala y mézclela con el tomate frito.

A continuación, divida la masa en dos partes, una más grande que otra, y extiéndalas, con el rodillo, formando dos láminas finas.

Seguidamente, forre con la lámina más grande un molde redondo con paredes bajas y onduladas, dejando que sobresalga por los bordes, vierta sobre la masa el tomate frito, añada las alcachofas,

el atún, el pimiento y las rodajas de huevo duro, salpimente y cubra el relleno con la masa restante, doblando hacia dentro la masa que sobresalía por los bordes, y presionándolos bien para hacer que se adhieran; recorte la masa sobrante y resérvela.

Por último, adorne la superficie con los recortes de masa reservados, barnice la empanada con el huevo batido e introdúzcala en el horno, previamente calentado a temperatura media, hasta que esté bien dorada y cocida.

2

Ponga en un cuenco la harina, déle forma de volcán, vierta en el centro el vino (1) y el aceite, amase, divida la masa en dos partes, una más grande que otra y extiéndalas con el rodillo (2), en dos láminas finas. Forre con la lámina más grande un molde redondo, vierta sobre ella el tomate, añada el atún, el pimiento, las alcachofas y el huevo duro (3) y cubra con la masa restante, haciendo que se adhieran bien los bordes (4).

Pescados y mariscos

Los frutos que nos ofrecen los mares y océanos son imprescindibles en la dieta para que nuestra salud alcance el equilibrio necesario. Son proteínas, de tan buena o mejor calidad que las de las carnes, se asimilan con facilidad y las digestiones son siempre rápidas y ligeras.

Sus ácidos grasos contribuyen en gran parte a reducir el contenido de colesterol en nuestro organismo.

El yodo, que adquieren por su contacto cotidiano con la sal marina, es vital para nuestro cuerpo, y sus posibilidades gastronómicas son infinitas, con la peculiaridad de sus resultados exquisitos y de la infinidad de pescados, crustáceos y moluscos que pueden utilizarse, de los más diversos precios, frescos y congelados, e incluso en conserva, bien sea enlatados o ahumados.

El mar es la despensa del futuro, al igual que los cultivos marinos, serán las granjas del mañana.

El incremento del hábito en el consumo de pescado, debe ser considerado como una práctica positiva, que mejorará nuestras costumbres alimenticias y nos acercará más al tipo de alimentación que probablemente nos depara el futuro.

SOPA DE MEJILLONES

Microondas: SI

Congelación: SI

Tiempo de elaboración: LARGO

Para 4 personas

1 kg. de mejillones (cholguas, choros)
4 cucharadas de aceite
1 cebolla
3 tomates (jitomates)
3 rebanadas de pan, tostadas
1 copita de aguardiente
2 dientes de ajo
Un trocito de canela en rama
Unas hojas de perejil
Sal y pimienta molida

Limpie los mejillones, eliminando las barbas, y lávelos bajo el chorro del agua fría. Póngalos en una cazuela, añada un poco de agua y deje que se abran a fuego vivo. Una vez abiertos, retírelos del fuego y escúrralos, reservando aparte el líquido que hayan soltado. Retire los mejillones de las valvas, reservando unos cuantos en las conchas para adornar. Caliente el aceite en una cazuela al fuego y fría la cebolla finamente picada; cuando esté dorada, incorpore los tomates pelados y picados, el líquido de cocción de los mejillones, previamente filtrado y un litro de agua; al comenzar la ebullición, añada las rebanadas de pan tostadas y el aguardiente y deje que cueza durante unos minutos, hasta que el pan se haya ablandado. Retire del fuego y bata con ayuda de una batidora eléctrica hasta obtener un puré homogéneo; incorpore los mejillones sin concha y ponga de nuevo a fuego muy lento.

Machaque en un mortero los ajos junto con la canela, el perejil, la pimienta y sal y vierta este majado sobre la sopa, removiendo para mezclar bien. Sírvala muy caliente, adornada con los mejillones reservados.

Abra los mejillones en una cazuela a fuego vivo y retírelos de las conchas (1). Dore la cebolla en una cazuela al fuego, añada los tomates (2), el pan, el aguardiente y agua y deje cocer. Retire del fuego y bata (3). Prepare un majado con el perejil, los ajos, la canela, sal y pimienta y viértalo sobre la sopa (4).

FIDEOS CON ALMEJAS

| Microondas: SI |
| Congelación: NO |
| Tiempo de elaboración: LARGO |
| Para 4 personas |

300 g. de fideos gruesos
300 g. de almejas o chirlas
1 cebolla mediana pelada y
picada
1 pimiento (pimentón) verde
grandecito troceado
150 g. de tomate (jitomate)
natural, triturado
1/2 cucharadita de hierbabuena
(menta, yerbabuena) seca
1 diente de ajo
Unas hebras de azafrán
(camotillo, cúrcuma, yuquillo)
1 hoja de laurel
4 cucharadas de aceite de oliva
2 cucharadas de vino tinto
Sal

Para adornar:
Perejil, finamente picado

Caliente el aceite en una cazuela, añada la cebolla finamente picada y deje rehogar a fuego lento, hasta que esté transparente.

A continuación, agregue el pimiento troceado y continúe rehogando durante 5 minutos, aproximadamente. Incorpore el tomate natural triturado y cocine otros 10 minutos más.

Seguidamente, añada las almejas, previamente lavadas bajo el chorro del agua fría. Déles unas vueltas con una cuchara de madera, agregue el vino y un majado hecho con el ajo, el azafrán y la hierbabuena; mezcle bien e incorpore los fideos y el laurel.

Por último, cubra los fideos con agua, sazone con sal al gusto y deje cocer hasta que los fideos estén en su punto.

Viértalos en una fuente de servir, lo suficientemente honda y adorne, esparciendo por la superficie el perejil finamente picado.

1

3

Prepare un sofrito con el pimiento troceado, la cebolla y el tomate (1). Agregue las almejas (2), déles unas vueltas y añada el vino. Prepare un majado con el ajo, la hierbabuena y el azafrán (3) e incorpórelo a la cazuela, junto con el laurel y los fideos. Agregue el agua (4) y deje cocer hasta que los fideos estén en su punto.

PASTEL DE CEBOLLA
Y AHUMADOS

Microondas: NO
Congelación: SI
Tiempo de elaboración: LARGO
Para 4 personas

Para la masa:
400 g. de harina (de trigo)
200 g. de mantequilla (manteca,
margarina)
2 cucharadas de agua fría
Sal

Para el relleno:
150 g. de salmón ahumado,
trucha u otro pescado
2 cebollas grandes, peladas y
cortadas en aros finos
2 cucharadas de mantequilla
(manteca, margarina)
200 ml. de nata (crema) líquida
2 huevos
150 g. de queso emmental
cortado en lonchitas
Sal y pimienta negra, recién
molida

Tamice la harina junto con una pizca de sal sobre una superficie de trabajo, déle forma de volcán, vierta en el centro el agua y la mantequilla troceada y trabaje con las puntas de los dedos, hasta obtener una masa homogénea.

Forme con ella una bola, póngala en un cuenco, tápela con un paño y déjela reposar durante unos 30 minutos.

Transcurrido el tiempo de reposo de la masa, extiéndala, con ayuda de un rodillo, en una lámina muy fina y forre con ella el fondo y las paredes de un molde redondo y con bordes bajos.

Pinche la masa, varias veces, con un tenedor e introduzca en el horno, previamente calentado a temperatura media-alta, durante unos 10 minutos.

Mientras tanto, derrita la mantequilla en una sartén al fuego, añada los aros de cebolla y deje que se rehogue, lentamente, hasta que esté transparente.

A continuación, retire la cebolla de la sartén con ayuda de una espumadera y póngala en el molde sobre la masa cocinada, alternándola con el queso y el salmón ahumado picado.

Bata los huevos en un cuenco, con ayuda de un batidor de varillas metálicas, sazónelos con sal y pimienta negra recién molida al gusto y mézclelos con la nata.

Por último, cubra con la mezcla de huevos y nata, el salmón, el queso y la cebolla e introduzca en el horno, previamente calentado a temperatura media, durante unos 30 minutos, antes de servir.

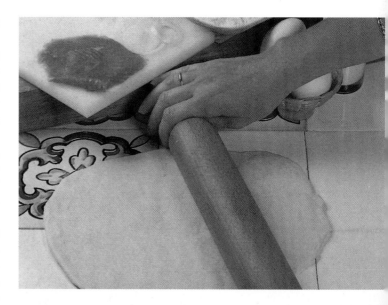

Prepare la masa quebrada y extiéndala con el rodillo, en una lámina fina (1). Rehogue la cebolla (2), escúrrala, póngala en el molde, alternándola con el queso y el salmón (3), y vierta por encima los huevos previamente batidos con la nata (4).

PASTEL DE MEJILLONES

Microondas: NO	
Congelación: NO	
Tiempo de elaboración: LARGO	
Para 4 personas	

1 kg. de patatas (papas)
1 lata de mejillones (cholguas, choros) al natural (unos 250 g.)
250 ml. de tomate (jitomate) frito de lata
1 cucharada de alcaparras (alcaparros, táparas) picadas
1 cucharada de miga de pan desmenuzada
1 huevo duro picado
2 cucharadas de vino blanco
3 cucharadas de mantequilla (manteca, margarina)
1 cucharadita de perejil picado
Nuez moscada (macís) rallada
Sal y pimienta negra, molida

Cueza las patatas con su piel en una cacerola con abundante agua, escúrralas, pélelas y páselas por un pasapurés; vierta el puré obtenido en un cuenco y añada dos cucharadas de mantequilla, sal, pimienta y nuez moscada, removiendo para mezclar bien.

Pique ligeramente los mejillones, previamente escurridos, y mézclelos con las alcaparras, el vino blanco, el huevo duro, el tomate frito, el pan y el perejil picado.

Ponga en el fondo de una fuente refractaria una capa de puré de patata, vierta encima la mezcla de mejillones, y nivele la superficie.

Vierta el puré restante en una manga pastelera provista de boquilla rizada, forme encima del preparado de mejillones unos decorativos cordones y flores de puré y distribuya por la superficie la mantequilla restante en copitos. Introduzca la preparación en el horno, precalentado a temperatura media y con el gratinador encendido, hasta que la superficie esté dorada. Sirva muy caliente.

CRUSTACEOS A LA PLANCHA

Microondas: NO	
Congelación: NO	
Tiempo de elaboración: MEDIO	
Para 8 personas	

16 crustáceos al gusto (langostinos, cigalas, etc.)
2 ajos, finamente picados
2 cucharadas de perejil, finamente picado
1 cucharadita de pimienta negra, recién molida
100 ml. de aceite de oliva
1 cucharadita de sal gorda

Para la salsa:
1 cebolla, pelada y troceada
Un manojito de cilantro (coriandro, culantro), picado
2 aguacates (paltas, panudos, sutes)
200 g. de tomates (jitomates)
Agua • Sal

Mezcle en un cuenco los ajos, el perejil, la pimienta, el aceite y la sal gorda.

A continuación, ponga los crustáceos, abiertos por la mitad en sentido longitudinal, en una plancha caliente, barnícelos con el adobo preparado y cocínelos durante unos minutos, dependiendo del tamaño, hasta que vea que están en su punto.

Mientras tanto, vierta en la batidora la cebolla, el cilantro, los aguacates previamente pelados y desprovistos del hueso central, los tomates pelados y troceados y sal al gusto. Bata todo bien hasta que la mezcla esté suave y homogénea, y añada la cantidad de agua necesaria hasta obtener la consistencia deseada. Rectifique la sazón y vierta la salsa obtenida en una salsera.

Cuando los crustáceos estén asados, páselos a una fuente y sírvalos bien calientes acompañados de la salsa preparada.

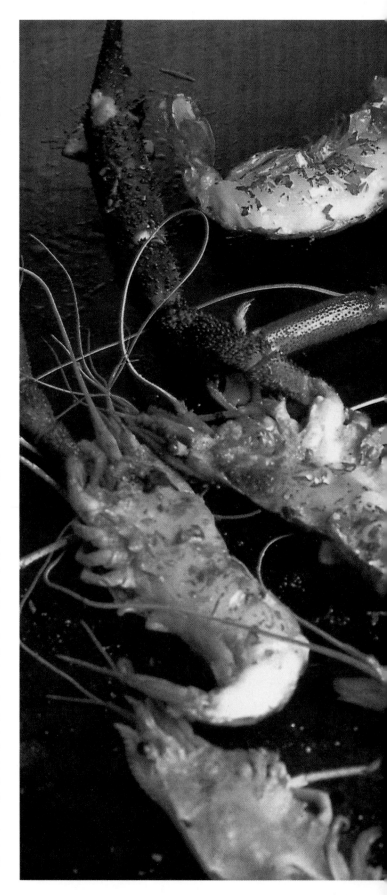

MERO EN SALSA CON HONGOS

Microondas:	SI
Congelación:	SI
Tiempo de elaboración:	LARGO
Para 4-6 personas	

1 1/4 kgs. de mero (cherna)
*250 g. de hongos o champiñones
(callampas), fileteados*
*2 cebollas medianas, finamente
picadas*
100 ml. de aceite
*2 cucharadas de mantequilla
(manteca, margarina)*
1 cucharadita de tomillo seco
1 cucharadita de orégano seco
1 cucharada de harina (de trigo)
1 cucharada de perejil
300 ml. de agua
150 ml. de vino blanco
1 onza de chocolate rallado
El zumo (jugo) de 1 limón
Sal

Para la guarnición:
*300 g. de guisantes (arvejas,
chícharos) congelados*
*1 cebolla pequeña, finamente
picada*
3 cucharadas de aceite
1 pimiento (pimentón) de lata
Sal

Ponga el aceite y la mantequilla en una cacerola al fuego y cuando estén calientes, agregue las cebollas y los hongos o champiñones, previamente limpios y fileteados. Rehogue durante unos minutos, incorpore el orégano y el tomillo y continúe rehogando hasta que la cebolla esté transparente.

A continuación, agregue el perejil y la harina, déles unas vueltas y añada el agua y el vino. Sale y deje cocer a fuego lento durante unos minutos.

Mientras tanto, lave bien el mero bajo el chorro del agua fría y séquelo cuidadosamente con papel absorbente de cocina. Córtelo en trozos regulares, sálelos, colóque-

los en una cazuela y espolvoree por encima el chocolate.

Seguidamente, vierta sobre el mero la salsa preparada, rocíe con el zumo de limón y cocine a fuego bajo durante unos minutos, hasta que el pescado esté en su punto.

Mientras tanto, cueza los guisantes en agua con sal. Caliente el aceite en una sartén al fuego, rehogue la cebolla y, cuando los guisantes estén cocidos, escúrralos bien, incorpórelos a la sartén y rehóguelos un par de minutos.

Sirva el mero con su salsa, rodeado con los guisantes y adornado con el pimiento, cortado en tiras.

Caliente la mantequilla y el aceite, rehogue las cebollas y los hongos e incorpore el tomillo y el orégano (1).
Añada el perejil y la harina, déles unas vueltas y agregue el agua y el vino (2).
Lave el mero, trocéelo, colóquelo en una cazuela, espolvoree con el chocolate (3), vierta por encima la salsa preparada (4), y cocine durante unos minutos.

3

MEJILLONES A LA CAZUELA

Microondas: SI
Congelación: SI
Tiempo de elaboración: LARGO
Para 4 personas

2 1/2 kgs. de mejillones (cholguas, choros)
500 g. de tomates (jitomates)
2 dientes de ajo
Un trocito de guindilla (ají, chile)
2 cucharadas de aceite
Unas ramitas de perejil
Una pizca de azúcar • Sal

Lave los mejillones bajo el chorro del agua fría, raspándolos para quitarles todas las barbas y, una vez bien limpios, viértalos en una cazuela grande, sin agua. Tápelos y ponga la cazuela al fuego hasta que los mejillones se abran. Retire la concha vacía y reserve.

Mientras tanto, escalde los tomates en agua hirviendo, retírelos del agua, pélelos y píquelos.

A continuación, caliente el aceite en una sartén, agregue los tomates picados y rehóguelos. Espolvoree con una pizca de azúcar y sale al gusto.

A continuación, pase los tomates rehogados por un colador, sobre los mejillones anteriormente preparados.

Seguidamente, machaque en un mortero los dientes de ajo junto con unas ramitas de perejil y el trocito de guindilla.

Por último, vierta el majado sobre los mejillones con tomate y deje que hierva todo junto, a fuego lento, durante 15 minutos. Viértalos en una fuente y sírvalos calientes.

Limpie bien los mejillones, y viértalos en una cazuela, tápela (1) y déjelos al fuego hasta que se abran. Pele, pique los tomates, rehóguelos en una sartén (2), y páselos por un colador, sobre los mejillones (3). Prepare un majado con los ajos, el perejil y la guindilla y viértalo sobre los mejillones (4).

TRUCHAS CON JAMON

Microondas: NO	
Congelación: SI	
Tiempo de elaboración: LARGO	
Para 4 personas	

**4 truchas grandes
2 lonchas de jamón serrano
(crudo)
Harina (de trigo)
Aceite para freír
1 limón
Sal y pimienta negra molida**

Limpie cuidadosamente las truchas, practicándoles un corte longitudinal en el vientre y quitándoles los intestinos. También puede pedir al pescadero que haga él esta operación. Procure no quitarles la cabeza, ya que la presentación es mejor si el pescado está entero. Lávelas bien bajo el chorro del agua fría y séquelas con papel de cocina.

A continuación, corte las lonchas de jamón por la mitad e introduzca media loncha en la abertura de cada trucha. Si lo desea, también puede introducir el jamón, picado en trocitos. Sazone con sal y pimienta, sólo por fuera ya que el jamón salará el pescado por dentro, y enharine ligeramente las truchas.

Seguidamente, caliente aceite abundante en una sartén y fría las truchas, dándoles la vuelta hasta que estén bien doradas. Retírelas de la sartén y colóquelas sobre papel absorbente de cocina, para quitarles el exceso de aceite.

Por último, colóquelas en una fuente, adórnelas con el limón previamente cortado en rodajas, y sírvalas bien calientes.

Nota: Si al enharinar las truchas, ve que el jamón se mueve y puede salirse de la abertura, puede sujetarlo con un palillo o dar una puntada con bramante.

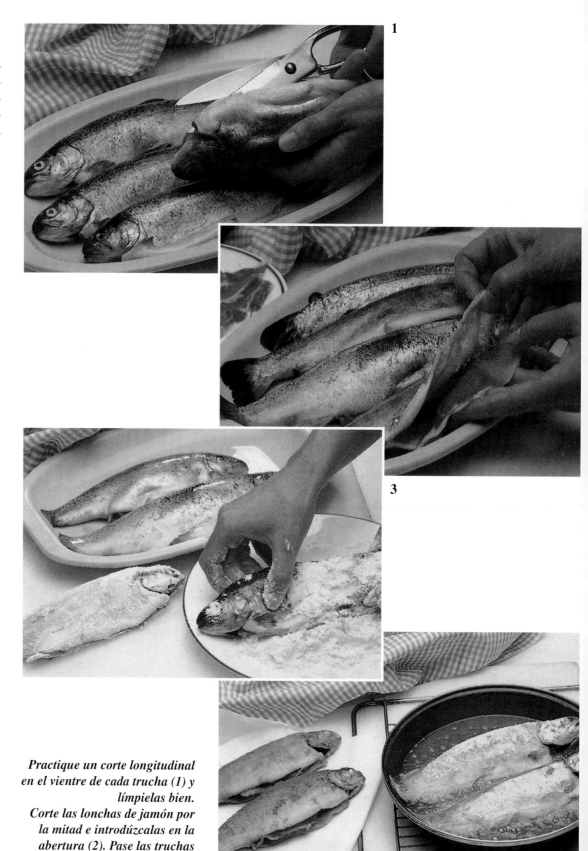

*Practique un corte longitudinal en el vientre de cada trucha (1) y límpielas bien.
Corte las lonchas de jamón por la mitad e introdúzcalas en la abertura (2). Pase las truchas por harina (3) y fríalas en aceite bien caliente (4).*

GUISO DE MEJILLONES

Microondas:	SI
Congelación:	SI
Tiempo de elaboración:	LARGO
Para 4 personas	

1 kg. de mejillones (cholguas, choros)
300 g. de tomates (jitomates) maduros, pelados y sin semillas
100 ml. de aceite de oliva
2 dientes de ajo, picados
El zumo (jugo) de 1 limón
Un manojo de perejil
Sal y pimienta negra, recién molida

Para acompañar:
20 rebanadas de pan
Unas gotas de aceite

Cepille los mejillones, lávelos bien bajo el chorro del agua fría e introdúzcalos durante unos minutos en agua acidulada con el zumo de limón. Escúrralos, póngalos en una cacerola grande, con un poco de aceite, y deje que se abran a fuego vivo. A medida que se vayan abriendo retírelos de la cacerola, separe los moluscos de las valvas, desechando éstas y vaya poniéndolos en una fuente, manteniéndolos al calor. Filtre el líquido que ha quedado en la cacerola pasándolo a través de una gasa o de un colador fino y resérvelo aparte.

Trocee los tomates, póngalos en una cacerola con el aceite restante, los ajos, sal y pimienta y deje que cuezan, a fuego moderado, durante unos 20 minutos. Incorpore el perejil picado y el líquido de los mejillones y continúe cocinando la salsa durante 10 minutos más. En el último momento tueste las rebanadas de pan y vierta sobre cada una, una gota de aceite. Cubra los mejillones reservados al calor con la salsa y sírvalos acompañados del pan tostado.

CALAMARES AL GRUYERE

Microondas:	SI
Congelación:	SI
Tiempo de elaboración:	LARGO
Para 4 personas	

1 kg. de calamares (chipirones, jibiones, lulas) pequeños
150 g. de queso gruyère rallado
100 g. de pan rallado
3 cucharadas de perejil, picado
1 huevo duro, picado
1 cebolla mediana, pelada y finamente picada
100 ml. de vino blanco seco
1 cucharada de harina (de trigo)
6 cucharadas de aceite de oliva
2 cucharadas de tomate (jitomate) frito
Una pizca de azafrán (camotillo, cúrcuma, yuquillo) en polvo
Sal y pimienta

Lave los calamares y límpielos, desechando la pluma interior y los intestinos; retire los tentáculos y las aletas que reservará aparte.
Caliente en una sartén al fuego dos cucharadas de aceite y rehogue la mitad de la cebolla.
Pique finamente los tentáculos y las aletas reservados, póngalos en un cuenco y añada el queso, el huevo, el pan rallado, la cebolla rehogada, la mitad del vino y del perejil, mezcle bien y rellene con este compuesto los calamares; cierre la abertura con un palillo y póngalos en una cazuela de barro. Caliente el aceite restante en la sartén al fuego, rehogue la otra mitad de cebolla y, cuando esté transparente, añada la harina, el resto del vino y del perejil, una taza de agua, el tomate frito y el azafrán; salpimente y, cuando comience la ebullición, viértalo sobre los calamares. Deje que cueza, a fuego muy lento, durante unos 40 minutos o hasta que los calamares estén tiernos y sirva acompañados de arroz blanco.

CEBICHE DE MI CASA

Microondas:	NO
Congelación:	NO
Tiempo de elaboración:	LARGO
Para 8 personas	

1 kg. de filetes de rosada o rape (pejesapo), cortados en cuadraditos
El zumo (jugo) de 5 limones
4 tomates (jitomates), pelados, sin semillas y cortados en cuadraditos
Un manojo de cilantro (coriandro, culantro), picado
1 cebolla, picada
200 g. de catsup
100 ml. de aceite
4 aguacates (paltas, panudos, sutes)
2 pimientos (pimentones) en vinagre, picados
Sal y pimienta

Ponga los cuadraditos de pescado en una fuente de cristal, rocíelos con el zumo de limón, y déjelos en maceración durante 4 ó 5 horas. Transcurrido este tiempo, lávelos bajo el chorro del agua fría, y viértalos en un cuenco grande.
A continuación, añada al cuenco los tomates, el cilantro picado, la cebolla, el catsup, el aceite, los pimientos y sal y pimienta. Mezcle todo bien y deje en el frigorífico durante 20 ó 25 minutos.
Seguidamente, corte los aguacates en sentido longitudinal, y retire los huesos. Colóquelos en una fuente de servir y por último, rellene el hueco central con el cebiche preparado. Sirva de inmediato para que los aguacates no se ennegrezcan.

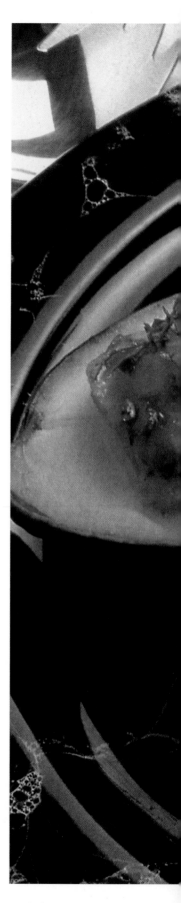

LENGUADO CON ALMEJAS

Microondas: NO

Congelación: SI

Tiempo de elaboración: MEDIO

Para 2 personas

1 lenguado (suela) grande
1 huevo batido
500 g. de almejas
50 g. de jamón serrano (crudo)
Pan rallado
Aceite
2 cucharadas de perejil, picado
Sal

Para adornar:
1 limón
2 ó 3 tomatitos

Limpie bien el lenguado, quitándole la piel. Sálelo y rebócelo en huevo y pan rallado.

A continuación, caliente aceite abundante en una sartén y fría el lenguado hasta que esté uniformemente dorado por ambas partes. Retírelo de la sartén y manténgalo al calor.

Mientras tanto, lave las almejas con abundante agua para que eliminen toda la arena.

Viértalas en un cazo, cúbralas con agua salada y ponga al fuego hasta que se abran.

Pique el jamón en trocitos muy pequeños y mézclelo en un plato con el perejil picado y 2 ó 3 cucharadas de pan rallado.

Seguidamente, retire la concha vacía de las almejas y rellene las otras con la mezcla preparada. Colóquelas en una fuente refractaria e introdúzcalas en el horno, previamente calentado a temperatura alta, durante 5 minutos aproximadamente.

Finalmente, ponga el lenguado en una fuente, rodéelo con las almejas gratinadas y adorne con medias rodajitas de limón y tomatitos en rodajas.

Limpie bien el lenguado, rebócelo en huevo y pan rallado (1), y fríalo. Lave bien las almejas y póngalas al fuego en un cazo con agua salada (2) hasta que se abran. Prepare un picadillo con pan rallado, jamón picado y perejil (3), rellene con él las almejas abiertas (4) y gratine en el horno.

3

SALTEADO DE MARISCOS

Microondas:	NO
Congelación:	SI
Tiempo de elaboración:	LARGO
Para 4 personas	

12 langostinos
24 mejillones (cholguas, choros)
1 cebolla • 1 diente de ajo
2 cucharadas de tomate
(jitomate) frito
100 ml. de vino blanco
1 hoja de laurel
1 ramita de tomillo
1 cucharada de perejil, picado
3 cucharadas de aceite
Sal y pimienta blanca, molida

Limpie bien los mejillones, raspándolos bajo el chorro del agua fría y póngalos en una cazuela al fuego para que se abran.

Mientras tanto, ponga los langostinos en otra cazuela, con un poco de agua con sal, laurel y tomillo y póngalos al fuego. Cuando rompa el agua a hervir, retírelos.

Deseche la concha vacía de los mejillones y pele los langostinos, pero sin quitarles la cabeza.

Caliente el aceite en una cazuela de barro. Añada la cebolla y el ajo picados y rehóguelos hasta que estén dorados. Incorpore los langostinos y los mejillones, remueva, añada el tomate frito y sazone con sal y pimienta. Riegue con el vino, remueva bien y deje cocer 10 ó 12 minutos.

Por último, espolvoree con el perejil picado y sirva bien caliente en la misma cazuela.

Abra los mejillones al vapor y retire la media concha vacía (1).
Caliente el aceite y dore la cebolla y el ajo (2). Incorpore los mejillones y los langostinos (3), agregue el tomate frito, sazone con sal y pimienta, riegue con el vino (4) y cueza.

BESUGO MECHADO

Microondas:	SI
Congelación:	SI
Tiempo de elaboración:	LARGO
Para 4 personas	

1 besugo (brusco, castañeta, papamosca) grande, de 1 1/2 ó 2 kgs. de peso
2 lonchas de panceta (tocino)
7 dientes de ajo
3 limones
200 ml. de caldo de carne
1 cucharada de vinagre
4 cucharadas de aceite
Sal y pimienta negra molida

Limpie bien el besugo, retire las tripas, escámelo y séquelo con papel absorbente de cocina.

A continuación, sazónelo por dentro y por fuera con sal y pimienta. Haga unos cortes por todo el lomo, y méchelo con la panceta cortada en cuadraditos y un diente de ajo, fileteado.

Seguidamente, colóquelo en una fuente y rocíelo con el zumo de 2 limones y 2 cucharadas de aceite. Introdúzcalo en el frigorífico y deje en maceración 2 horas.

Cuando haya transcurrido el tiempo de maceración, retírelo del frigorífico, sáquelo del líquido y póngalo en una fuente de horno. Rocíelo con el caldo de carne e introdúzcalo en el horno, previamente calentado a temperatura media, durante 30 minutos.

Fría los dientes de ajo en el aceite restante y cuando estén dorados, retírelos con una espumadera. Añada al aceite, el líquido de maceración del besugo y el vinagre, y deje cocer hasta que el líquido reduzca.

Rocíe el besugo con el preparado de aceite, limón y vinagre, y termine el tiempo de cocción. Sirva recién hecho, adornado con el limón restante cortado en rodajas.

Limpie el besugo y méche... con la panceta corta... en trocitos y un diente de a... fileteado (1). Rocíelo c... el zumo de 2 limones (2... deje en maceración. Fría l... ajos restantes en el aceite (... añada el líquido ... maceración del besugo (4... rocíe con él el besugo... media cocció...

COSTRADA DE MEJILLONES

Microondas:	SI
Congelación:	SI
Tiempo de elaboración:	LARG(
Para 4 personas	

1 1/2 kgs. de mejillones
(cholguas, choros)
150 g. de pan rallado muy fin(
2 cucharadas de perejil,
finamente picado
1 diente de ajo, pelado y
finamente picado
3 huevos
100 ml. de aceite de oliva
Sal y pimienta negra molida

Cepille y lave muy bien los me
llones bajo el chorro del agua fi
y colóquelos en una sartén, a fu
go vivo, para que se abran. Elim
ne las conchas, filtre el líquic
que habrán soltado en la sarté
viértalo en un cuenco y reserve.
Unte con aceite una cazuela y c
loque en ella, en una sola cap
los mejillones.

Mezcle en un cuenco el pan rall
do junto con el perejil y el ajo
namente picados, una pizca de s
y abundante pimienta, añadienc
un poco del agua de los mejill
nes reservada, teniendo en cuen
que la mezcla deberá resultar n
bien espesa. Distribúyala sob
los mejillones y vierta uniform
mente el aceite sobre toda la s
perficie; introduzca el recipien
en el horno, previamente calent
do a temperatura media, y de
que cuezan durante aproximad
mente 10 minutos.

Casque en un cuenco los huevc
sazónelos con sal y pimienta
bátalos con un tenedor. Retire
recipiente del horno, vierta el b
tido de huevos sobre los mejill
nes y vuelva a introducirlos en
horno durante 10 minutos más.
Sirva los mejillones en el mism
recipiente de cocción.

GAMBAS SALTEADAS

Microondas:	NO
Congelación:	SI
Tiempo de elaboración:	CORTO
Para 4 personas	

500 g. de gambas (langostinos
pequeños)
2 cm. de raíz de jengibre
(cojatillo)
2 cucharaditas de jerez
2 cucharaditas de salsa de soja
(soya)

3 cucharadas de aceite de oliva
Sal y pimienta negra, molida

Pele las gambas, desechando las
cabezas y las cáscaras, páselas
por el chorro del agua fría, y séquelas con un paño de cocina.
Ralle la raíz de jengibre sobre un
cuenco y añada el jerez y la salsa
de soja. Incorpore las gambas, remueva para que se impregnen
bien, sazone con sal y pimienta al
gusto y deje macerar en este adobo durante unos 5 minutos.

Mientras tanto, caliente el aceite
en una sartén al fuego. Añada las
gambas maceradas y saltéelas a
fuego vivo durante unos minutos.
Por último, viértalas en una fuente y sírvalas calientes.

PESCADO A LA NARANJA

Microondas: SI

Congelación: SI

Tiempo de elaboración: LARGO

Para 4 personas

cabrarroka u otro pescado de roca entero, de 1 kg. aproximadamente
125 ml. de aceite de oliva
2 naranjas
pimientos (pimentones) verdes, cortados en tiras
1 cebolla grande, cortada en aros
2 cucharadas de perejil, finamente picado
250 ml. de zumo (jugo) de naranja
1 cubito de caldo de pollo, desmenuzado
Sal y pimienta negra molida

Limpie bien el pescado, déle un corte longitudinal en el vientre, tirando las tripas, escámelo, lávelo bien bajo el chorro del agua fría, y séquelo cuidadosamente con papel absorbente.

A continuación, sazónelo con sal y pimienta por dentro y por fuera y colóquelo en una fuente de horno, previamente engrasada con un poco de aceite.

Corte las naranjas en rodajas y colóquelas alrededor del pescado. Distribuya por encima las tiras de pimiento y la cebolla cortada en aros. Rocíe todo con el aceite restante y bañe con el zumo de naranja preparado.

Seguidamente, espolvoree por encima el cubito de caldo, desmenuzado, y el perejil, tape con papel de aluminio e introduzca la fuente en el horno, previamente calentado a temperatura media-alta durante 20 minutos. Retire el papel de aluminio y cocine durante 10 minutos más.

Por último, retire del horno y sirva en la misma fuente.

RAPE ALANGOSTADO

Microondas:	SI
Congelación:	SI
Tiempo de elaboración:	LARGO
Para 4 personas	

1 cola de rape (pejesapo) de 1 kg.
1 cebolla
2 hojas de laurel
Unas ramitas de perejil
1 cucharada de pimentón (color,
pimentón en polvo)
1 tarrito de sucedáneo de caviar
6 patatas (papas) cocidas
1 escarola (alcohela, endibia)
Sal

Para la salsa rosa:
200 ml. de mayonesa
75 ml. de salsa catsup
Unas gotas de salsa Perrins
Unas gotas de tabasco
2 cucharadas de brandy
(cognac)

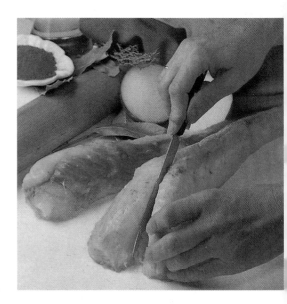

Lave cuidadosamente el rape bajo el chorro del agua fría, séquelo y quítele la piel por completo, procurando que no quede nada de piel viscosa sobre la carne. Para que no resbale, puede cogerlo con papel de cocina.

Una vez que el pescado esté bien limpio, y seco, córtelo en sentido longitudinal, a los dos lados de la espina central, utilizando para ello un cuchillo muy afilado. Tenga mucho cuidado de no romper los dos lomos. Retire la espina, junte los lomos dándoles la forma original, y átelos con un bramante de modo que las hendiduras de la cuerda parezcan las que presenta la cola de la langosta.

Espolvoree con el pimentón una superficie de trabajo, reboce el rape para que tome color rojo, y envuélvalo en un paño limpio.

Vierta en una cazuela la cebolla troceada, el laurel y el perejil. Coloque el rape en la cazuela, cúbralo con agua, sazone y hiérvalo durante aproximadamente 30 mi-

Pele el rape, retirando la piel viscosa (1) y corte en sentido longitudinal, a los lados de la espina central (2). Retire la espina, ate los dos lomos y reboce en el pimentón (3). Envuélvalo en un paño y cuézalo junto con la cebolla, el laurel y el perejil (4).

nutos. Retire la cazuela del fuego y deje enfriar el rape dentro del líquido de cocción. Una vez que se haya enfriado, retire el rape del líquido, quite el paño y corte el rape en rodajas no muy gruesas.

Ponga la escarola bien limpia y lavada en una fuente. Coloque sobre ella las patatas, cortadas en rodajas y el rape, de forma armoniosa, y decore con el sucedáneo de caviar.

Por último, mezcle todos los ingredientes de la salsa rosa removiendo, para unirlos bien y sirva el rape preparado, con la salsa en un cuenco aparte.

VENTRESCA DE BONITO

Microondas: SI
Congelación: SI
Tiempo de elaboración: MEDIO
Para 4-6 personas

*1 kg. de ventresca de bonito
(biza), en un trozo
3 dientes de ajo
4 ó 5 cucharadas de pan rallado
Unas ramitas de perejil
2-3 cucharadas de aceite
de oliva
Sal*

*Para adornar:
Unas ramitas de perejil
1 limón, cortado en rodajas*

Lave la ventresca cuidadosamente y séquela con un paño.
A continuación, colóquela abierta, en una fuente o bandeja de horno. Rocíela con el aceite y espolvoree con sal.
Seguidamente, pique finamente el perejil y machaque los ajos en el mortero. Vierta ambos en un cuenco. Añada el pan rallado y mezcle todo bien.
Por último, cubra la ventresca con el preparado anterior, e introduzca la fuente en el horno, previamente calentado a temperatura media, hasta que el bonito esté hecho y la superficie dorada. Adórnelo con perejil y rodajas de limón, y sirva en la misma fuente de cocción.

Lave cuidadosamente la ventresca y séquela con un paño o con papel absorbente de cocina (1). Colóquela, abierta, en una fuente, rocíela con el aceite (2) y sazone. Vierta en un cuenco los ajos machacados, el perejil picado y el pan rallado y mezcle todo bien (3). Cubra con este preparado la ventresca (4) y hornee.

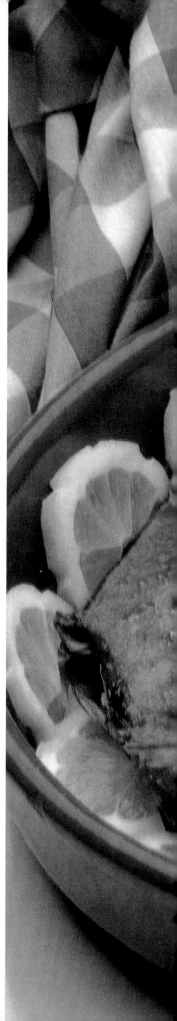

1

2

3

4

RAPE EN SALSA

Microondas: SI	
Congelación: SI	
Tiempo de elaboración: LARGO	
Para 4 personas	

*4 rodajas grandes de rape
(pejesapo)
200 g. de guisantes (arvejas,
chícharos) frescos desgranados
o congelados
1 cebolla, finamente picada
100 ml. de aceite de oliva
500 g. de mejillones (cholguas,
choros)
2 pimientos (pimentones) de lata
2 dientes de ajo
2 copas de vino blanco
1 cucharada de harina (de trigo)
100 ml. de caldo de carne*

*Unas hebras de azafrán
(camotillo, cúrcuma, yuquillo)
2 cucharadas de perejil picado
Sal*

Lave el rape bajo el chorro del agua fría, séquelo con papel absorbente de cocina y reserve.

Ponga los mejillones, previamente lavados y raspados bajo el chorro del agua fría, en una cazuela. Tape y cocine, a fuego vivo, para que se abran. Retire del fuego y déjelos enfriar.

Caliente el aceite en una cazuela, añada la cebolla y rehóguela durante unos minutos.

Coloque sobre la cebolla las rodajas de rape. Vierta por encima los guisantes, sazone al gusto y rocíe con el vino blanco. Cuando los mejillones estén fríos, retírelos de las conchas y colóquelos en la cazuela. Introdúzcala en el horno, precalentado a temperatura media, durante unos 10 minutos.

Mientras tanto, machaque en un mortero los ajos junto con el perejil y el azafrán. Añada la harina y un poco de caldo de carne, y remueva todo bien, con la mano del mortero, para que quede una mezcla homogénea y sin grumos.

Por último, retire el recipiente del horno, vierta el majado en la cazuela, coloque por la superficie los pimientos cortados en tiras, rectifique la sazón, añada más caldo, si fuera necesario, e introduzca de nuevo en el horno, durante 10 minutos más.

Sirva en la misma cazuela.

Rehogue ligeramente la cebolla en una cazuela al fuego con el aceite caliente, y coloque encima las rodajas de rape (1). Sazone con sal al gusto, vierta por encima los guisantes, rocíe con el vino blanco (2) e introduzca en el horno.

Machaque en un mortero los dientes de ajo junto con el perejil, las hebras de azafrán, la harina y un poco de caldo (3) y vierta el majado obtenido sobre el rape (4). Coloque sobre la superficie de la preparación las tiras de pimiento e introduzca de nuevo en el horno, durante unos 10 minutos.

PESCADO A LA ISLEÑA

| Microondas: SI |
| Congelación: SI |
| Tiempo de elaboración: LARGO |
| Para 4 personas |

4 rodajas de merluza (corvina, pescada)
4 tomates (jitomates) maduros
16 gambas (langostinos pequeños), sin cabeza
2 calamares (chipirones, jibiones, lulas)
1 sepia (jibia)
500 ml. de caldo de pescado
3 dientes de ajo, picado
4 cucharadas de aceite
1 cucharada de harina (de trigo)
Unas ramitas de perejil, picado
4 rebanadas de pan frito
Sal y pimienta

Lave los tomates y píquelos. Caliente el aceite en una sartén al fuego, añada los ajos y los tomates y rehóguelos unos minutos.
Mientras tanto, limpie los calamares y la sepia, lávelos y córtelos en trocitos. Lave la merluza y séquela con papel de cocina.
A continuación, ponga sobre el sofrito de tomate, las rodajas de merluza e incorpore las gambas, los calamares y la sepia troceados. Rocíe con el caldo, suficiente como para cubrir todos los ingredientes y añada la harina, previamente disuelta en un poquito de caldo. Finalmente agregue el perejil, sazone con sal y pimienta y deje cocer todo junto, a fuego lento, sin tapar la cazuela hasta que los pescados estén tiernos.
Por último, ponga en una fuente las rebanadas de pan frito y cuando el pescado esté cocinado, viértalo sobre el pan y sirva.

Sofría los tomates y los ajos (1), coloque las rodajas de merluza sobre el sofrito y añada los calamares, la sepia y las gambas (2). Incorpore el caldo y la harina disuelta y espolvoree con el perejil picado (3). Ponga las rebanadas de pan en una fuente de servir (4) y cúbralas con los pescados cocinados.

Las Salsas

Pasemos ahora a uno de los capítulos más importantes de la gastronomía: las salsas. Se utilizan para sazonar, son de consistencia más o menos líquida y pueden ser frías o calientes. Su origen proviene de la palabra latina "salsus", que significa salado. Realmente las salsas se utilizan para combinar su sabor con el del ingrediente o ingredientes principales de una receta y potenciar o realzar el mismo.

Las salsas son un elemento fundamental en cualquier plato de cocina mínimamente elaborado y una correcta preparación de la misma, hace que un plato que puede considerarse corriente, se convierta en una obra maestra. Las salsas más antiguas, proceden de las épocas romana y fenicia y entre ellas debemos mencionar el "Garum", de perdida fórmula, aunque parece ser que entre sus componentes estaban salazones de pescado y diversas especias. Mucho después, en la época medieval, se empezaron a utilizar con profusión. En la mayoría de los casos, se trataba de salsas muy fuertes y especiadas, con frecuencia bastante picantes, y cuyo objeto en ocasiones era disimular el precario estado de carnes y pescados, en función de las dificultades de conservación de la época. La mayoría de las veces, se preparaban con caldos espesados con pan rallado y con el aditamento de vino y gran cantidad de especias.

Ya a finales del siglo XVII, la cocina empezó a tomar unos mayores niveles de sofisticación y se inició un proceso de refinamiento en la preparación de las salsas. Aparecieron salsas, base de muchas otras, y que en la actualidad se utilizan con gran frecuencia, como la bechamel, la mayonesa, la mirepoix y algunas otras. Las salsas calientes, podemos separarlas en dos secciones principales, las oscuras, basadas a su vez en tres básicas: tomate, media-glasa y española, y las blancas que tienen su base en la bechamel y la velouté. Las salsas frías generalmente se derivan de la mayonesa y de la vinagreta.

El origen de todas estas salsas es francés y a ellas se fueron aña-diendo otras de distintos oríg[e]nes que los cocineros de difere[n]tes países iban desarrollando [e] incorporando al conocimien[to] general de esta materia.

Existen una serie de ingredient[es] básicos que tradicionalmente h[an] tenido parte fundamental en [la] preparación de las salsas. La n[a]ta, la mantequilla, el vino, la c[e]bolla, el ajo y algunos otros. S[in] embargo en la cocina más actu[al] se introducen nuevos ingredie[n]tes que aligeran las salsas, s[i]guiendo las tendencias dietétic[as] de hoy en día. Entre otros, pod[e]mos mencionar el queso fresc[o,] el yogur y los zumos de frutas [y] verduras.

Los procedimientos básicos pa[ra] la preparación de las salsas pu[...]

n reducirse a cuatro. Desde ego, existen otros, pues el número de salsas es muy grande y gunas tienen procesos particures. El primer procedimiento, nsiste en la mezcla en frío de erentes ingredientes, picados s que sean sólidos, y como emplo, podemos mencionar la agreta. El segundo es el deminado sistema de emulsión, e consiste en dispersión de o o más sólis en un líquido forma extreadamente fina que conserva estabilidad rante cierto empo, más o enos en función de la receta. or ejemplo, la ayonesa, o los eites con nulsión de jus super reducis y filtrados de rduras o frus. La tercera tá hecha en ba a una mezcla mantequilla o eite con hari, y calentada, icionando despés otros ingreentes y termindo la cocción la harina con fuego bajo y removiendo continuamente. Es el so de la bechamel. Por último, tá el procedimiento de prepa un fondo o concentrado, que ede ser de ave, de carne, de za o de pescado y, a partir de te, ir combinando diferentes gredientes. Por ejemplo, podes mencionar la salsa cardinal.

En cuanto a las múltiples salsas de origen netamente hispano, podemos mencionar como muestra los mojos canarios, el sofrito, la picada, la samfaina y el all-i-oli. Es conveniente destacar, que para mayor facilidad de las amas de casa, es posible adquirir gran cantidad de salsas ya preparadas, bien en bote, listas para su uso o en preparados sólidos, que con una mezcla adecuada de los ingredientes que indique la receta del envase, y un ligero calentamiento, quedan a punto para ser incorporadas a la receta correspondiente.

Como guía práctica, vamos a dar unas pequeñas indicaciones, en las que podrá encontrar, de forma general, aquellos alimentos más comunes y las salsas más adecuadas.

Arroces: De tomate, de curry y de mostaza, para arroces calientes; y all-i-oli, vinagreta, tártara y mayonesa, para arroces fríos.

Aves de corral: Provenzal, de cebolla, de aguacate, agridulce y mayonesa, en frío.

Caza de pelo: Cumberland, de frambuesas y de cebolla.

Caza de pluma: Al Oporto y salmís.

Cerdo: Agridulce, de manzana, al curry, picante y a la salvia.

Cordero: Salsa a la menta y de arándanos.

Crustáceos: Salsa americana, al curry, Newburg y Nantua, en caliente; y mayonesa, rosa, tártara y rémoulade, en frío.

Ensaladas: Vinagreta, mayonesa, de anchoas y de Roquefort.

Espárragos: Vinagreta, mantequilla fundida y mayonesa.

Gratinados: Bechamel, boloñesa y Mornay.

Huevos cocidos: Mayonesa, vinagreta, bechamel, provenzal y rémoulade.

Mejillones: Marinera y vinagreta.

Ostras: Tártara y de escalonias.

Patatas: Tártara, de rábanos y de queso.

Pescados: Mayonesa, all-i-oli, de caviar y mostaza, de anchoas y holandesa, en frío; y americana, de Borgoña, cardinal, Mornay, normanda y bechamel en caliente.

Vacuno: Bretona, al estragón, de mantequilla de anchoas, bearnesa, de barbacoa, a la mostaza, a la diabla, "marchand de vin" y zíngara. Naturalmente, éstas son unas indicaciones orientativas, ya que existen multitud de salsas, y su propia intuición y gusto le indicarán las mejores combinaciones. Es posible también que, con las instrucciones que se ofrecen en este volumen, pueda desarrollar sus propias salsas, utilizando, en cada caso, aquellos elementos que considere más adecuados y que tenga a su alcance.

MOJO VERDE

Microondas: NO

Congelación: NO

Tiempo de elaboración: MEDIO

Para 6 personas

*Un manojo grande de cilantro
(coriandro, culantro) fresco
Un trozo de miga de pan
2 cucharadas de aceite de oliva
2 cucharadas de vinagre
1 guindilla (ají, chile) pequeña
(opcional)*

*75 ml. de agua fría
Sal*

Machaque en el mortero las hojas de cilantro, limpias y secas, la sal y la guindilla, si la utiliza, hasta obtener una pasta homogénea.

Incorpore la miga de pan previamente remojada en el vinagre y continúe machacando hasta que todo esté bien integrado.

Añada, poco a poco, el aceite y por último el agua, y mezcle bien.

MOJO PICON

Microondas: NO

Congelación: NO

Tiempo de elaboración: MEDIO

Para 6 personas

*2 cucharadas de pimentón
(color, pimentón en polvo)
1 guindilla (ají, chile) pequeña
Una pizca de cominos
6-8 dientes de ajo, picados
2 cucharadas de aceite de oliva
2 cucharadas de vinagre*

*200 ml. de agua fría
Sal*

Machaque los ajos en el morte junto con la guindilla y la sa hasta obtener una pasta. Agreg los cominos y continúe mach cando; incorpore el pimentón cuando éste esté bien integrad añada el vinagre; mezcle y vier poco a poco, el aceite. Agreg lentamente el agua y trabaje has obtener una salsa bien ligada.

Ponga en el mortero el cilantro (1), la sal y la guindilla y machaque. Incorpore el pan remojado en el vinagre y a continuación el aceite y el agua (2).

Machaque en el mortero los ajos junto con la guindilla y la sal (1), incorpore los cominos, el pimentón y el vinagre y a continuación y lentamente el aceite (2).

1

2

SALSA LORENA

Microondas: NO
Congelación: NO
Tiempo de elaboración: LARGO
Para 500 ml.

150 g. de mantequilla (manteca, margarina)
30 g. de harina (de trigo)
250 ml. de agua hirviendo
3 yemas de huevo
200 ml. de nata (crema) líquida
Un poco de zumo (jugo) de limón
Sal y pimienta negra molida

Derrita en una cazuela de barro al fuego cien gramos de mantequilla, retire del fuego y añada la harina, removiendo cuidadosamente con una espátula de madera hasta obtener un roux dorado.

Riegue con el agua hirviendo ligeramente salada, mezcle, vuelva a ponerlo a fuego lento y deje que cueza durante unos 20 minutos removiendo continuamente.

Bata en un cuenco las yemas de huevo junto con la nata y viértalo en la cazuela de barro con la salsa teniendo cuidado para que no llegue a hervir, pues de otra manera las yemas se cuajarían; sazone con sal y pimienta, agregue unas gotas de zumo de limón, remueva y retire el recipiente del fuego. Páselo a través de una muselina fina y vierta la salsa en una salsera de barro que mantendrá al calor introduciéndola al baño María, hasta el momento de servir.

Antes de servirla, añada a la salsa la mantequilla restante en trocitos pequeños y bata enérgicamente manteniendo el recipiente siempre al baño María.

Nota: Esta salsa es muy apropiada para acompañar verduras cocidas (especialmente espárragos y fondos de alcachofa) y pescados hervidos. Su realización requiere una notable habilidad y experiencia en la cocina.

SALSA BECHAMEL

Microondas: NO
Congelación:NO
Tiempo de elaboración: MEDIO
Para 250 ml.

650 ml. de leche
1 cebolla pequeña, troceada
1 hoja de laurel
2 clavos de olor (de especias)
1 zanahoria pequeña, raspada y troceada
Una pizca de nuez moscada (macís), recién rallada
Unos trocitos de apio
12 granos de pimienta
70 g. de mantequilla (manteca, margarina)
50 g. de harina (de trigo)
Sal y pimienta

Vierta la leche en una cacerola, añada la cebolla, la hoja de laurel, los clavos, la zanahoria, la nuez moscada, el apio y los granos de pimienta, tape el recipiente y cocine, a fuego lento, durante unos minutos.

Retire del fuego y deje que repose durante unos 20 minutos.

Derrita la mantequilla en una sartén al fuego, añada la harina removiendo constantemente con una cuchara de madera para evitar que se formen grumos y cocine durante unos 5 minutos, sin dejar que llegue a tomar color.

Aparte la salsa del fuego e incorpore la leche, pasándola a través de un colador.

Sazone la salsa con sal y pimienta al gusto, póngala de nuevo al fuego y deje que cueza durante unos 10 minutos.

Primer paso en la preparación de la Salsa bechamel;
Variantes: Salsa de anchoas;
Salsa de queso.

SALSA DE QUESO

Microondas: NO
Congelación: NO
Tiempo de elaboración: MEDIO
Para 250 ml.

250 ml. de salsa bechamel (besamel, salsa blanca) (ver receta anterior)
1/2 cucharadita de mostaza en polvo
2 cucharadas de queso curado, rallado
Sal y pimienta negra molida

Vierta la salsa bechamel en un cazo al fuego, añada la mostaza en polvo, déle unas vueltas y deje que dé un hervor. Retire del fuego, incorpore el queso rallado, remueva enérgicamente con una cuchara de madera, de manera que se disuelva por completo. Por último, sazone con sal y pimienta y sirva caliente.

Nota: Con esta salsa puede preparar un delicioso y sencillo plato de pescado: coloque en una fuente refractaria una capa de salsa, una capa de pescado, ya cocinado (puede ser asado o cocido), y finalmente, otra capa de salsa. Espolvoree con queso y pan rallados, introduzca en el horno, previamente calentado, y deje que gratine durante unos minutos.

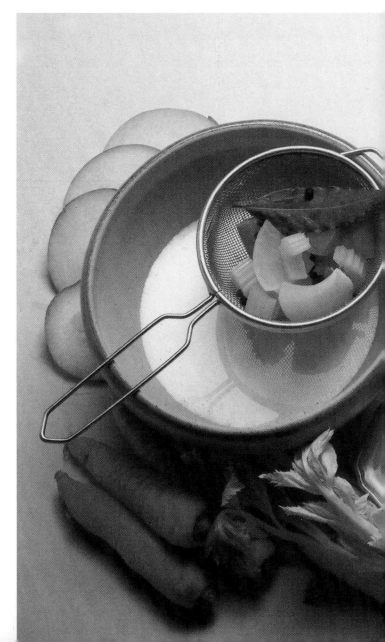

SALSA DE ANCHOAS

Microondas: NO
Congelación: NO
Tiempo de elaboración: MEDIO
Para 250 ml.

250 ml. de salsa bechamel
(besamel, salsa blanca)
(ver receta anterior)
2 cucharaditas de pasta de
anchoas (anchovetas,
boquerones)
Zumo (jugo) de limón

Vierta en un cazo al fuego la salsa
bechamel y, cuando comience la
ebullición, incorpore los ingredientes restantes. Remueva para
unirla bien y sirva con pescados.

SALSA DE YOGUR A LAS HIERBAS

Microondas: NO
Congelación: NO
Tiempo de elaboración: CORTO
Baja en calorías
Para 4 personas

2 yogures naturales
1 cucharada de perejil,
finamente picado
1 cucharadita de eneldo fresco
picado
1/2 cucharadita de estragón
(dragoncillo) fresco
El zumo (jugo) de 1 limón
1 cucharadita de mostaza
Sal y pimienta negra, molida

Vierta los yogures en un cuenco y
remuévalos, con una cuchara de
madera, hasta que adquieran la
consistencia de una crema suave
y homogénea.

A continuación, incorpore el perejil, el eneldo y el estragón, previamente picados. Añada el zumo
de limón y la mostaza, y por último sazone con sal y pimienta.
Remueva todo bien e introduzca
en el frigorífico.

Nota: Es conveniente preparar
esta salsa unas horas antes de servirla, para que el yogur tome el
sabor de las hierbas.
Es muy apropiada para acompañar pescados, carnes o fiambres.

SALSA A LA PORTUGUESA

Microondas: NO
Congelación: SI
Tiempo de elaboración: LARGO
Para 1 l.

50 g. de manteca de cerdo (grasa
animal)
45 g. de harina (de trigo)
100 ml. de vino blanco seco
1 l. de caldo de carne
(puede ser de pastilla)
3 cucharadas de tomate
(jitomate) natural, triturado
100 ml. de vino blanco de
Madeira seco
1 zanahoria pelada y cortada en
daditos
30 g. de tocino (panceta salada)
entreverado, finamente picado
1 cebolla mediana, finamente
picada
Una pizca de tomillo
Una pizca de romero
Una pizca de cilantro
(coriandro, culantro)
Sal y pimienta negra, molida

Ponga en una cazuela al fuego la
manteca, cuando esté fundida,
añada la cebolla, la zanahoria, el
tocino y las hierbas aromáticas,
sazone con sal y pimienta y deje
que se rehogue todo, a fuego lento, durante unos 10 minutos.
Agregue la harina y, removiendo
constantemente, deje que se dore
durante unos 3 minutos.
A continuación incorpore el vino
blanco, el caldo y el tomate y
continúe la cocción durante unos
30 minutos.
Seguidamente, pase la salsa por
un pasapurés (o por un chino) y
vuelva a ponerla en la cazuela al
fuego; agregue el vino de Madeira y deje que cueza, a fuego vivo,
durante unos 2 minutos.

Nota: Esta salsa es adecuada para
acompañar tanto verduras, como
carnes o pescados.

SALSA PESTO

Microondas: NO
Congelación: SI
Tiempo de elaboración: LARGO
Baja en calorías
Para 150 ml.

30 hojas de albahaca fresca
15 g. de queso de bola rallado
20 g. de queso de oveja curado
rallado
20 g. de queso parmesano
rallado
2 dientes de ajo
70 ml. de aceite de oliva
1/2 cucharadita de sal gorda

Lave con cuidado las hojas de albahaca, bajo el chorro del agua fría y séquelas al aire o sobre un paño de cocina.

Cuando estén bien secas, póngalas en el mortero, añada la sal y los dientes de ajo y comience a aplastar las hojas de albahaca y los ajos contra las paredes del mortero con la mano de madera. No bata con la mano de mortero, deberá aplastar con fuerza, sin dar golpes en el mortero.

A continuación, incorpore los quesos rallados, poco a poco y alternando los tres tipos. Cuando haya obtenido un preparado homogéneo, vaya añadiendo chorritos de aceite mezclando con una espátula de madera hasta que obtenga una salsa cremosa. Es un error sacar el pesto del mortero para añadirle el aceite, de hecho, parte de la fragancia de la albahaca se queda sobre las paredes del mortero; añadiendo entonces el aceite al mismo recipiente, éste absorbe todo el aroma (para obtener un buen pesto es muy importante la calidad de la albahaca que deberá ser muy fresca).

Nota: También es posible preparar el pesto con la batidora, sin embargo los resultados no serán tan buenos.

Mayonesa de melocotón;
Salsa rémoulade; Mayonesa de
hierbas.

SALSA REMOULADE

Microondas: NO
Congelación: NO
Tiempo de elaboración: CORTO
Para 300 ml.

300 ml. de mayonesa
1 cucharada de pepinillos,
finamente picados
1 cucharadita de mostaza
francesa

1 cucharadita de alcaparras
(alcaparros, táparas), picadas
1 cucharadita de perejil, picado
1 cucharadita de estragón
(dragoncillo) fresco, finamente
picado, o una pizca de estragón
(dragoncillo) seco
1/2 cucharadita de pasta de
anchoas (anchovetas,
boquerones)
Sal

Vierta en un cuenco la mayonesa, los pepinillos, la mostaza, las alcaparras, el perejil, el estragón y la pasta de anchoas y mezcle bien. Sazone, si fuera necesario, y sirva con pescados o mariscos.

MAYONESA DE MELOCOTON

Microondas: NO
Congelación: NO
Tiempo de elaboración: CORT
Para 300 ml.

300 ml. de mayonesa
1 cucharadita de curry (carry
en polvo
1 cucharada de mermelada d
melocotón (durazno)

Mezcle 1 cucharada de mayone el curry y la mermelada. Añada mayonesa restante y trabaje ha obtener una salsa homogénea.

MAYONESA DE HIERBAS

Microondas: NO
Congelación: NO
Tiempo de elaboración: CORTO
Para 300 ml.

300 ml. de aceite de oliva
3 cucharadas de nata (crema)
líquida
2 cucharadas de albahaca
fresca, finamente picada
cucharadas de perejil, picado
2 cucharadas de cebolla,
finamente picada
1 cucharada de vinagre de
estragón (dragoncillo)

2 huevos
1 cucharadita de mostaza
francesa
Sal y pimienta negra recién
molida

Vierta un poco de agua en un cazo al fuego, añada la albahaca, el perejil y la cebolla y deje que dé un hervor; escurra las hierbas, desechando el líquido de cocción y póngalas sobre papel absorbente de cocina para que se sequen. Seguidamente, ponga los huevos en una cacerolita al fuego con agua y deje que cuezan durante 3 minutos; escúrralos, pélelos cuidadosamente y póngalos en el va-

so de la batidora eléctrica. Añada las hierbas ya secas, el vinagre, la mostaza, sal y pimienta y bata hasta obtener una mezcla homogénea. A continuación, agregue el aceite en forma de hilo y, sin dejar de batir, incorpore la nata.

Por último, vierta la mayonesa de hierbas en una salsera e introduzca en el frigorífico hasta el momento de servir con pescados.

SALSA DE TOMATE A LA ITALIANA

Microondas: SI
Congelación: SI
Tiempo de elaboración: LARGO
Para 500 g.

500 g. de tomates (jitomates) de
pera pelados y sin semillas
1 zanahoria en rodajas finas
1/2 cebolla cortada en juliana
Una rama de apio muy picada
5 hojas de albahaca picadas
1 cucharadita de perejil picado
3 cucharadas de aceite de oliva
Sal y pimienta

Corte en trozos no muy pequeños los tomates y viértalos en una cazuela con el aceite, la zanahoria, la cebolla, el apio, sal y pimienta. Póngalo a cocer a fuego medio y, en cuanto empiece a hervir, baje el fuego y deje que cueza a fuego lento, durante 10 minutos. Incorpore el perejil y la albahaca, tape la cazuela y deje que cueza otros 30 minutos, siempre a fuego muy moderado. Pase todo por el pasapurés, vuelva a ponerlo en la misma cazuela sobre el fuego y, removiendo con una cuchara de madera, deje que cueza hasta que la salsa haya adquirido la densidad deseada. Sírvala con huevos fritos o con pasta.

SALSA BOLOÑESA

Microondas: NO
Congelación: SI
Tiempo de elaboración: LARGO
Baja en calorías
Para 750 g.

100 g. de carne de cerdo
(cochino, chancho, lechón)
picada (molida)
100 g. de carne de ternera
(añojo, mamón, novilla) picada
(molida)
50 g. de panceta (tocino)
finamente picada
50 g. de mantequilla (manteca,
margarina)
300 g. de tomates (jitomates)
bien maduros, pelados, sin
semillas y troceados
1 cebolla mediana
1 zanahoria pequeña
1 rama de apio
100 ml. de caldo (puede ser de
pastilla)
100 ml. de vino tinto
Sal
Pimienta

Limpie, lave y pique ligeramente la cebolla, la zanahoria y el apio. Mezcle en un cuenco las carnes picadas con la panceta.

A continuación, derrita la mantequilla en una cacerola, añada las carnes picadas junto con la panceta y rehóguelas, a fuego moderado, durante 10 minutos; vierta el vino tinto, deje que éste se evapore hasta la mitad de su volumen, añada las verduras picadas, los tomates troceados, sal y pimienta y la mitad del caldo caliente. Tape la cacerola, baje el fuego al mínimo y deje cocer durante 2 horas, añadiendo, poco a poco, el caldo restante. Continúe la cocción de la salsa hasta que adquiera una consistencia espesa.

Nota: Esta es la salsa boloñesa típica para condimentar todo tipo de pasta italiana.

SALSA ROSA PICANTE

Microondas: NO

Congelación: NO

Tiempo de elaboración: MEDIO

Para 250 ml.

250 ml. de mayonesa muy espesa
2 cucharadas de tomate
(jitomate) triturado
1 guindilla (ají, chile), picada

Ponga la mayonesa en un cuenco y añada, poco a poco, el tomate triturado, que deberá ser bastante espeso. Remueva con una cuchara de madera, mezclando bien todos los ingredientes; por último agregue la guindilla finamente picada y mezcle bien antes de servirla.

Nota: Esta salsa picante es adecuada para acompañar asados de carne o pescados cocidos.

ADEREZO DE ZUMO DE TOMATE

Microondas: NO

Congelación: SI

Tiempo de elaboración: CORTO

Baja en calorías

Para 80 ml.

70 ml. de zumo (jugo) de tomate
(jitomate)
1 cucharada de vinagre de
estragón (dragoncillo)
1 diente de ajo machacado
Sal y pimienta recién molida

Vierta en un cuenco el zumo de tomate, el vinagre y el ajo, y remueva hasta mezclar perfectamente los distintos ingredientes. Sazone con sal y pimienta al gusto, tape el recipiente con hoja plástica transparente e introduzca en el frigorífico antes de aderezar cualquier tipo de ensalada.

Salsa tártara; Mayonesa; Salsa agridulce; Salsa de rábanos.

MAYONESA

Microondas: NO

Congelación: NO

Tiempo de elaboración: MEDIO

Para 200 ml.

1 huevo
200 ml. de aceite de oliva
Una pizca de mostaza en polvo
(opcional)
1 cucharada de vinagre o zumo
(jugo) de limón
Sal y pimienta negra, recién
molida

Casque el huevo, separe la yema y póngala en un cuenco. Guarde la clara para otra preparación. Añada la mostaza, si la utiliza, sal y pimienta y bata con una cuchara de madera.

A continuación, incorpore el aceite en forma de hilo y batiendo constantemente con la cuchara de madera hasta que la mezcla vaya espesando y tomando la consistencia deseada.

Por último, añada lentamente el vinagre o el zumo de limón, rectifique la sazón y mezcle.

Nota: Para el buen resultado de la mayonesa, el huevo y el aceite deben estar a temperatura ambiente.

Si lo desea, puede prepararla utilizando la batidora eléctrica, en este caso debe utilizar el huevo entero.

SALSA DE RABANOS

Microondas: NO

Congelación: NO

Tiempo de elaboración: CORT

Para 200 ml.

200 ml. de nata (crema) líquid
1 cucharada de zumo (jugo) d
limón
2 cucharaditas de rábano
(rabanito) rallado
2 cucharaditas de salsa ingles
2 cebolletas finamente picada

Vierta la nata en un cuenco y b tala, sin llegar a montarla. Aña el zumo de limón, el rábano, salsa inglesa y las cebolletas y mueva, hasta que todo esté b incorporado. Deje reposar en frigorífico unas 4 horas, y sir con hamburguesas o brochetas.

SALSA SUAVE DE LIMON

Microondas: NO
Congelación: SI
Tiempo de elaboración: MEDIO
Para 450 ml.

300 ml. de agua
1 pastilla de caldo de pollo,
desmenuzada
La cáscara de 1/2 limón rallada
(sólo la parta amarilla)
2 cucharadas de mantequilla
(manteca, margarina),
ablandada
2 cucharadas de harina
(de trigo)
3 cucharadas de zumo (jugo) de
limón
1 yema de huevo
2 cucharadas de nata (crema)
líquida
Sal y pimienta blanca molida

Vierta el agua en una cacerola al fuego, añada la pastilla de caldo desmenuzada, la cáscara de limón rallada, la mantequilla y la harina y cocine, a fuego moderado y batiendo constantemente, con un batidor de varillas metálicas, durante unos 2 minutos, de manera que la salsa se espese.

En un cuenco, bata la yema de huevo con el zumo de limón y añada, lentamente y sin dejar de batir, un poco de la salsa caliente. Incorpore esta mezcla a la salsa y deje que se caliente, teniendo cuidado de que no hierva.

A continuación, agregue la nata, sazone con sal y pimienta al gusto, y mezcle todo bien.

Por último, pase la salsa por un colador y sírvala caliente.

Nota: Esta salsa poco común, es perfecta para acompañar a pollo frito o asado. Si sustituye el limón por naranja, resultará una salsa algo más dulce, deliciosa para acompañamiento de carne de cerdo o pato.

SALSA AGRIDULCE

Microondas: SI
Congelación: SI
Tiempo de elaboración: CORTO
Para 375 ml.

400 g. de tomates (jitomates) al
natural de lata
pimientos (pimentones) verdes,
sin corazón ni semillas, cortados
en cuadraditos
cucharadas de maicena (fécula
de maíz, harina de maíz)
4 cucharadas de vinagre
2 cucharadas de azúcar
200 ml. de zumo (jugo) de
tomate (jitomate)
1 cucharada de salsa de soja
(soya)
Sal y pimienta negra recién
molida

Ponga los tomates en una cazuela al fuego y tritúrelos con un tenedor; añada los pimientos, deje que rompa a hervir, baje el fuego y continúe la cocción, a fuego lento, durante 5 minutos.

Mientras tanto, disuelva en una taza con el vinagre la maicena y viértala sobre los tomates; agregue el azúcar, el zumo de tomate, la salsa de soja y sal y pimienta al gusto, remueva para mezclar bien los distintos ingredientes, y deje que cueza a fuego lento, durante 10 minutos más. Sirva esta salsa con cualquier carne de cerdo.

Nota: Si desea darle un toque más exótico, añada, 10 minutos antes de finalizar la cocción, 2 rodajas de piña al natural, cortadas en cuadraditos.

SALSA TARTARA

Microondas: NO
Congelación: NO
Tiempo de elaboración: CORTO
Para 200 ml.

200 ml. de mayonesa
1/2 cucharadita de cebolla
rallada
1 cucharada de alcaparras
(alcaparros, táparas), finamente
picadas
1 cucharadita de perejil,
finamente picado
Sal y pimienta negra, molida

Vierta en un cuenco la mayonesa, la cebolla, las alcaparras, el perejil, sal y pimienta al gusto, mezcle y deje reposar durante 1 hora. Sírvala como acompañamiento de pescados cocidos o asados.

Las carnes

La composición de la dieta, en los países occidentales, tiene en la carne una de las fuentes más importantes en cuanto a la contribución de proteínas se refiere. En su composición, la proporción de proteínas es constante (alrededor del 20 por 100 de aminoácidos que son indispensables en la alimentación) mientras que la de los lípidos es muy variable, según el animal. También contiene sales minerales (sobre todo hierro y fósforo), y vitaminas del grupo B (especialmente B1).

El incremento en su consumo va parejo con el del aumento del nivel de vida y del poder adquisitivo, lo que, unido a una más correcta administración de otros elementos nutritivos y vitamínicos, ha producido nuevas generaciones, con mayor altura y con una mejora orgánica general. Esto no quita, sin embargo, que debido a manipulaciones hormonales en las reses, se hayan producido en casos diversos, aspectos negativos como consecuencia de su utilización.

También el consumo excesivo de carne, sobre todo aquélla con exceso de grasa, ha sido considerado como determinante del aumento del colesterol en sangre, con los peligros cardiovasculares que esto conlleva y por otro lado, parece probado que las carnes rojas contribuyen al aumento del nivel de ácido úrico, también en el caso del abuso en su consumo.

Estos antecedentes no presuponen que debe abandonarse el consumo de las carnes, ni muchísimo menos, sino que nos indican que este producto debe tomarse con moderación, de forma que se combine con otros productos que también poseen aporte de proteínas, como el pescado, y que su consumo en una forma racional, contribuirá a una alimentación sana y equilibrada.

1

2

3

4

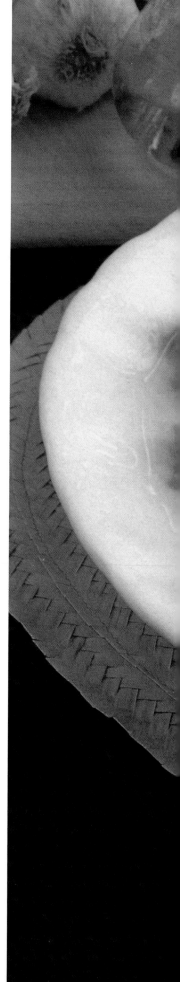

CORDERO AL VINO

Microondas: NO	
Congelación: SI	
Tiempo de elaboración: LARGO	
Para 4-6 personas	

1 kg. de cordero lechal o cabrito
500 ml. de vino blanco
1 cucharada de pimentón (color,
pimentón en polvo) dulce
2 hojas de laurel
8 dientes de ajo
150 ml. de aceite de oliva
Sal

Corte el cordero en trozos, lávelo, séquelo con papel de cocina y espolvoréelo con sal. Vierta el aceite en una sartén que sea bastante grande y caliéntelo.

Cuando el aceite esté caliente, fría el cordero y dórelo, dándole la vuelta varias veces para que se haga bien por todas partes. A continuación, agregue el pimentón y rehóguelo, cuidando que no se queme.

Seguidamente, pele los ajos y macháquelos en un mortero, poniendo un poco de sal para que no se resbalen al machacarlos. Incorpórelos a la sartén, vertiendo un poco de vino en el mortero para apurar todos los ajos y agregue el laurel.

Finalmente, añada el resto del vino y remueva con una cuchara de madera para que todo quede bien mezclado. Déjelo cocer durante 50 minutos, hasta que el líquido espese y quede como una salsa y el cordero esté tierno. Sírvalo bien caliente.

Trocee el cordero y sazónelo (1).
Dórelo en una sartén con el
aceite (2). Machaque los ajos en
un mortero (3) y añádalos al
cordero. Por último riegue con
el vino (4) y deje cocer hasta
que el cordero esté tierno.

COCHIFRITO

Microondas: NO

Congelación: SI

Tiempo de elaboración: LARGO

Para 4 personas

500 g. de cordero lechal
100 ml. de aceite o 100 g. de
manteca de cerdo (grasa
animal)
1 cebolla, picada
1 diente de ajo • 1 limón
3 granos de pimienta

1 cucharada de pimentón
picante (color, paprika)
Perejil • Sal

Lave y seque bien la carne con papel de cocina o con un paño limpio. A continuación, córtela con la ayuda de un cuchillo bien afilado, en trozos que no sean muy pequeños y espolvoréela con sal.

Caliente en una sartén el aceite o la manteca de cerdo; añada la carne y fríala hasta que quede dorada por todas partes, removiendo con una espumadera.

A continuación, machaque el diente de ajo y los granos de pimienta en un mortero; agregue el pimentón, unas ramitas de perejil picado y el zumo del limón. Maje bien todos los ingredientes y añádalos, junto con la cebolla picada, a la carne cuando esté dorada. Remueva para que se impregnen los trocitos de cordero y déjelos cocer, lentamente, hasta que queden tiernos.

Trocee la carne (1), sazónela y dórela en una sartén al fuego (2). Machaque el ajo junto con pimienta y el perejil (3), añada pimentón y el zumo de limón, mezcle bien y vierta el majado sobre el cordero dorado (4).

1

3

3

4

1

2

CARNE ALMENDRADA

Microondas: SI

Congelación: SI

Tiempo de elaboración: LARGO

Para 4 personas

1 kg. de lomo (diezmillo, solomillo, solomo) de cerdo (cochino, chancho, lechón)
100 g. de almendras crudas
1 yema de huevo duro
2 cucharadas de leche
1 vaso de vino tinto
Harina (de trigo)

5 cucharadas de manteca de cerdo (grasa animal)
Pimienta blanca molida
Sal

Lave el trozo de lomo, séquelo con papel de cocina y colóquelo sobre una superficie de trabajo. Con un cuchillo muy afilado, corte la carne en filetes, pero sin llegar hasta la parte inferior, de forma que todo el trozo quede como un libro.

Tueste en el horno las almendras peladas, y macháquelas en el mortero. Viértalas en un cuenco y añada la yema de huevo duro, la leche, sal y pimienta. Mezcle todo bien y rellene con la pasta obtenida los cortes de la carne.

A continuación, ate la carne fuertemente con un bramante para que no se abra y se salga el relleno. Colóquela en una fuente, sazónela y espolvoréela por todas partes con una fina capa de harina, de forma que quede uniformemente cubierta.

Dórela en una sartén al fuego con tres cucharadas de manteca. Póngala en una fuente de horno y añádale las dos cucharadas de manteca restantes, el vino tinto y un vaso de agua; introdúzcala en el horno previamente calentado a temperatura media, durante 1 hora, o hasta que esté tierna. Córtela sesgada para que se vea el relleno y sirva con ensalada.

Con un cuchillo afilado, corte la carne en filetes, pero sin llegar a la parte inferior (1). Rellénela con la pasta de almendras preparada (2), átela y espolvoréela con harina (3). Dórela en una sartén (4) e introduzca en el horno.

1

3

POTE DE LEGUMBRES

Microondas: NO	
Congelación: NO	
Tiempo de elaboración: LARGO	
Para 6 personas	

300 g. de judías (alubias, frijoles, habichuelas, porotos) blancas
250 g. de codillo de cerdo (cochino, chancho, lechón)
500 g. de grelos o espinacas
1 hueso de rodilla de ternera (añojo, mamón, novilla)

250 g. de tocino (panceta) fresco
200 g. de chorizo
300 g. de patatas (papas), troceadas
50 g. de manteca de cerdo (grasa animal)
2 dientes de ajo • Sal

Ponga las judías en un cuenco, cúbralas con agua fría y déjelas en remojo durante 6-8 horas. Transcurrido el tiempo de remojo de las judías, escúrralas, páselas a una cazuela, y cúbralas con agua; ponga al fuego y cuando comien-

ce la ebullición escúrralas; cúbralas de nuevo con agua y deje que cuezan durante 30 minutos.

Mientras tanto, ponga en una cazuela aparte el codillo, el tocino, el hueso y el chorizo, cubra con abundante agua y deje que cuezan, a fuego moderado durante 1 hora, añadiendo a mitad de la cocción las judías escurridas.

A continuación, añada las patatas, los grelos bien lavados y sin los tallos y sal al gusto, y continúe la cocción hasta que estas verduras estén tiernas.

Derrita en una sartén al fuego manteca y sofría los ajos, has que estén bien dorados.

Por último, añada el sofrito ajos junto con su grasa al guis deje que dé un hervor y sírvalo.

Ponga en remojo las judías (1).
Cuézalas, añádalas a las carne
y agregue los grelos y las patat
(2). Sofría los ajos en la mante
(3) y añádalos al guiso (4).

BROCHETAS CON SALSA PARRILLADA

Microondas: SI

Congelación: SI

Tiempo de elaboración: CORTO

Para 4 personas

500 g. de carne de cordero sin grasa, cortada en cubos de 4 cm.
8 tomates (jitomates) pequeños, lavados

12 champiñones (callampas, hongos) pequeños, limpios
75 ml. de zumo (jugo) de limón
75 ml. de salsa de soja (soya)
4 cucharaditas de salsa inglesa
1 diente de ajo, machacado
3 cucharadas de aceite

Para adornar:
4 zanahorias, peladas y cortadas en juliana

1/2 repollo (col) pequeño, lavado y cortado en juliana
2 manzanas pequeñas, lavadas, peladas y cortadas en juliana

En 4 alambres o brochetas, ensarte la carne, los tomates y los champiñones, alternándolos. En una cacerola pequeña, ponga el zumo de limón, la salsa de soja, la salsa inglesa, el ajo y el aceite y remueva para que se mezcle

perfectamente. Mantenga las brochetas en este adobo durante horas y cocínelas en una parrilla o en el horno, precalentado a temperatura alta, durante 10-15 minutos o hasta que la carne esté cocida, dándoles vueltas frecuentemente y rociándolas con el adobo. Sírvalas sobre un lecho formado con las zanahorias, el repollo y las manzanas, junto con el resto del adobo.

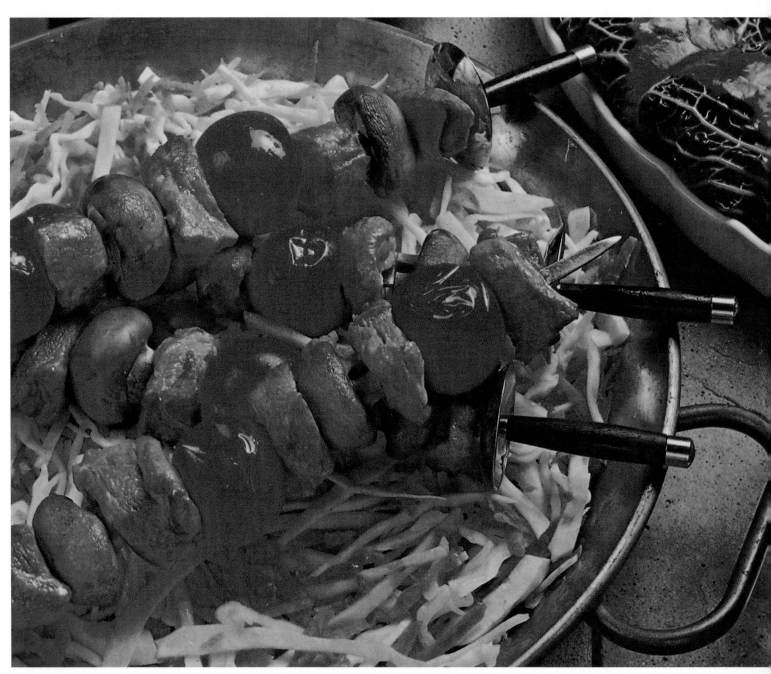

- 144 -

CORONA A LA MENTA

Microondas: SI
Congelación: NO
Tiempo de elaboración: LARGO
Para 6-8 personas

2 trozos de costillar alto de cordero, en forma de corona
2-3 orejones (huesillos), remojados toda la noche
2 cucharadas de pan rallado
1/2 manzana, pelada y picada
1 cucharada de nueces, picadas
1 cucharada de cáscara rallada de limón
2 cucharadas de mantequilla (manteca, margarina) derretida
Sal y pimienta molida

Para adornar:
Mitades de albaricoques (chabacanos, damascos, priscos)
Jalea de menta (hierbabuena, yerbabuena)

Coloque la corona en una fuente refractaria. Salpimente y envuelva el extremo superior de las costillas con papel de aluminio, para que no se quemen.

Seguidamente, prepare el relleno: escurra los orejones, córtelos en cuadraditos pequeños y mézclelos con el pan, la manzana, las nueces y la cáscara rallada de limón. Agregue la mantequilla derretida, remueva bien y ponga el relleno en el centro de la corona, cubriéndolo con un círculo de papel de aluminio. Introduzca la fuente en el horno, precalentado a temperatura media, y cocine la corona durante 1 1/4-1 1/2 horas. Una vez cocida, retire el papel de aluminio y ponga en cada extremo de las costillas un sombrerito de papel blanco. Adorne con las mitades de albaricoques, rellenas con jalea de menta.

SOLOMILLO CON SALSA SABROSA

Microondas: NO
Congelación: SI
Tiempo de elaboración: LARGO
Para 10-12 personas

1 solomillo (diezmillo, lomo, solomo) de vaca (buey, res) entero
100 g. de tocino de jamón
50 g. de mantequilla (manteca, margarina)
100 ml. de aceite
Sal

Para la salsa:
250 g. de carne de vaca (buey, res), cortada en daditos
1 cebolla grande, picada
2 dientes de ajo, picados
3 zanahorias, raspadas y troceadas
1 ramillete de hierbas aromáticas
500 ml. de caldo de carne
4 cucharadas de aceite
1 cucharada de jerez

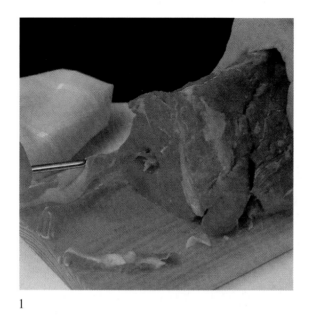

1

2

3

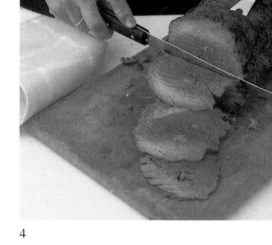

4

Lave el solomillo bajo el chorro del grifo del agua fría, séquelo con papel de cocina, quítele los nervios y la grasa y méchelo con el tocino de jamón cortado en tiritas. Atelo bien, para que no pierda la forma durante la cocción y sazónelo.

Seguidamente, coloque el solomillo en la fuente del horno, rocíelo con la mantequilla, previamente fundida, y el aceite, e introdúzcalo en el horno, previamente ca-lentado a temperatura alta duran-te aproximadamente1 hora, ro-ciándolo frecuentemente con su jugo de cocción.

Mientras tanto, prepare la salsa rehogando en el aceite la cebolla y los ajos picados; añada los dadi-tos de carne de vaca, las zanaho-rias, las hierbas aromáticas y el caldo y deje cocer durante aproxi-madamente unos 40 minutos. Pá-sela por el chino, viértala en un cazo y deje cocer a fuego vivo pa-ra que reduzca.

A continuación, agregue a la sal-sa el jerez y el jugo del solomillo y remueva con una cuchara de madera para mezclar bien.

Por último, corte el solomillo en lonchas más bien finas, colóquelo en una bandeja de servir y adór-nelo con tomates rellenos de puré de guisantes, zanahorias cortadas en bastoncitos, coles de Bruselas y alcachofas, cocidas y cortadas en láminas o cualquier otra ver-dura, a su elección. Sirva la salsa bien caliente en salsera aparte.

Meche el solomillo con tocino de jamón, cortado tiras finas (1), átelo bien póngalo en la fuente horno. Rocíelo con mantequilla, previamen fundida, y el aceite (2 introduzca en el horn Prepare la salsa, con i ingredientes indicados (3 corte el solomillo en lonch finas (

CHULETAS MECHADAS

Microondas: NO

Congelación: SI

Tiempo de elaboración: LARGO

Para 4 personas

4 chuletas (costillas, palos) de ternera (añojo, mamón, novilla) gruesas
100 g. de jamón serrano (crudo)
100 g. de tocino (panceta salada) en lonchas
2 cucharadas de manteca de cerdo (grasa animal)
2 cucharadas de tomate (jitomate) frito
3 pimientos (pimentones) de lata
1 vasito de vino blanco
100 ml. de caldo de carne
Sal

Lave las chuletas, séquelas y sazónelas. Corte las lonchas de tocino en tiras, y enróllelas. Haga unos cortes en las chuletas e introduzca las tiras de tocino.

A continuación, ponga en el fuego una sartén grande, derrita en ella la manteca de cerdo, y fría las chuletas hasta que queden bien doradas por ambos lados.

Seguidamente, corte los pimientos en tiras y el jamón en trocitos. Ponga las chuletas en una fuente de barro y acérquela al fuego; agregue el vino y deje cocer para que se reduzca. Añada el tomate, el jamón y los pimientos, déle unas vueltas para que quede todo rehogado e incorpore el caldo. Baje el fuego y deje cocer durante 1 hora. Rectifique la sazón si fuese necesario, y sirva.

Haga unos cortes en las chuletas e introduzca en ellos las tiras de tocino, enrolladas (1). Fría las chuletas hasta que estén doradas (2) y póngalas en una fuente de barro. Añada los pimientos y el jamón (3), rehogue e incorpore el caldo (4).

2

4

1

3

Trocee los riñones una vez bien limpios (1), viértalos en un colador y escáldelos en agua hirviendo (2). Una vez fritos los riñones, rocíelos con el jerez (3) y cuando estén tiernos, incorpore el perejil picado (4).

RIÑONES AL JEREZ

Microondas: SI
Congelación: SI
Tiempo de elaboración: MEDIO
Para 4 personas

**750 g. de riñones de ternera
(añojo, mamón, novilla)
1 cucharada de perejil picado
100 ml. de aceite de oliva
1 copa de jerez seco
1 diente de ajo, picado
Sal**

Limpie los riñones, séquelos, colóquelos sobre una tabla de madera y trocéelos.

Llene una cacerola con agua y póngala al fuego. Vierta los riñones partidos en el colador, introduzca en la cacerola cuando el agua rompa a hervir y retírelo inmediatamente.

A continuación, caliente el aceite en una sartén. Sazone los riñones y añádales el ajo. Viértalos en el aceite bien caliente, fríalos, removiendo con una cuchara de madera y rocíelos con la copa de jerez seco.

Sin retirarlos del fuego todavía, espolvoréelos con el perejil y deje que se hagan lentamente unos dos minutos más. Viértalos en una fuente y sírvalos bien calientes, acompañados de arroz blanco y adornados con perejil.

RABO DE VACA AL VINO TINTO

Microondas: NO
Congelación: SI
Tiempo de elaboración: LARGO
Para 4-6 personas

*1 rabo (colita) de vaca (buey,
res), limpio y cortado en trozos
150 g. de harina (de trigo)
100 g. de manteca de cerdo
(grasa animal)
200 g. de panceta (tocino), en
dados
2 puerros (ajos puerros, poros,
porros), en dados
1 hueso de jamón
2 tomates (jitomates) maduros
250 ml. de vino tinto
500 ml. de caldo de carne
1 pizca de tomillo
1 ó 2 hojas de laurel • Sal*

Caliente la manteca de cerdo en una cazuela al fuego, rehogue los trozos de rabo, previamente sazonados y enharinados, hasta que estén bien dorados y retírelos con una espumadera; en el mismo recipiente, sofría los puerros y la panceta; elimine el exceso de grasa y vuelva a poner el rabo en la cazuela, sobre la panceta y los puerros; añada el hueso de jamón, el tomillo, el laurel, los tomates pelados, sin semillas y troceados y sal, y deje que se rehogue todo junto. Riegue con el vino y el caldo de carne y continúe la cocción durante unas 2 horas.
Por último, retire un momento los trozos de rabo de la cazuela, elimine el hueso de jamón, desgrase la salsa y vuelva a poner la carne en la cazuela, continuando la cocción unos minutos más.

CHULETITAS REBOZADAS

Microondas: NO
Congelación: NO
Tiempo de elaboración: MEDIO
Para 2 personas

*10 chuletitas (costillas) de
lechal, de palo, sin grasa
2 dientes de ajo, prensados
Perejil picado
Pan rallado • 1 huevo batido
Aceite de oliva • Sal*

Ponga las chuletitas en una fuente, sazone y aliñe con los ajos y el perejil. Tape e introduzca en el frigorífico 1 hora.
Páselas por el huevo y el pan rallado y fríalas en aceite caliente, pero no demasiado, para que se frían por dentro. Sirva calientes.

BROCHETAS DE BUEY

Microondas: NO
Congelación: NO
Tiempo de elaboración: MEDIO
Para 6 personas

*Para la marinada:
1 zanahoria, rallada
1/2 cebolla, rallada
1 diente de ajo
200 ml. de vino tinto
1 manojo de perejil
3 hojas de laurel
1 manojo de tomillo
1 cucharada de pimienta
2 cucharadas de concentrado de
carne
3 cucharadas de aceite*

*Para las brochetas:
1 kg. de carne de buey (res,
vaca), cortada en cubos
200 g. de panceta (tocino),
cortada en cubos
12 cebollitas francesas o
cebolletas
2 pimientos (pimentones) rojos
en cubos*

Caliente el aceite en una sartén fría la zanahoria, la cebolla y diente de ajo, durante unos minutos. Agregue los ingredientes restantes de la marinada y deje hervir todo durante 10 minutos Cuélelo, deje enfriar y marine carne en el preparado.
A continuación, ensarte las brochetas, alternando todos los ingredientes y áselas al carbón o la parrilla.

*A la izquierda: Rabo de vaca
al vino tinto.
A la derecha: Brochetas de buey*

1

2

JAMON
CON PIMIENTOS

Microondas:	NO
Congelación:	NO
Tiempo de elaboración:	LARGO
Para 4 personas	

*500 g. de jamón serrano (crudo)
cortado en lonchas
3 tomates (jitomates) maduros
2 pimientos (pimentones) rojos
1 diente de ajo, picado
Aceite
Perejil*

Vierta 3 cucharadas de aceite en una sartén, acérquela al fuego y cuando el aceite esté caliente, fría las lonchas de jamón jun con el ajo picado. Escúrralas e un plato, cubierto con papel cocina, para que absorba el exce so de grasa, y colóquelas en ur fuente refractaria.

A continuación, agregue otras cucharadas de aceite a la grasa ajo picado de la sartén y caliént lo. Incorpore los tomates, previ mente pelados y triturados, y c cínelos hasta conseguir una sals de tomate espesa.

Cuando la salsa de tomate es hecha, viértala sobre el jamó añada una cucharada de agua fr y déjelo hervir durante diez m nutos aproximadamente, a fueg lento para que no se pegue.

Mientras tanto, caliente 5 cuch radas de aceite en otra sartén rehogue en él los pimientos co tados en tiras.

Finalmente, vierta el jamón e una fuente de servir, adórnel con los pimientos rehogados unas ramitas de perejil, y sirv muy caliente.

*Fría el jamón en una sartén (1) y viértalo en una fuente refractari
Fría los tomates, pelados y triturados (2) y viértalos sobre las loncha
de jamón (3). Rehogue los pimientos hasta que estén tiernos (4),
adorne con ellos el jamón con tomat*

3

4

- 154 -

LOMO ASADO

Microondas: NO

Congelación: SI

Tiempo de elaboración: LARGO

Para 4 personas

1 kg. de lomo (diezmillo, solomillo, solomo) de cerdo (cochino, chancho, lechón), en una pieza
3 vasitos de vino blanco seco
1 cucharada de pimentón picante (color, paprika)
2 dientes de ajo
1 cucharadita de orégano
El zumo (jugo) de 1 ó 2 limones
1 cebolla
4 cucharadas de aceite • Sal

Ate bien el lomo para que no pierda la forma durante la cocción, y póngalo a macerar en un recipiente con sal, los dientes de ajo picados, el vino, un vasito de agua, el pimentón y el orégano; déjelo en el frigorífico durante tres días, dándole la vuelta de vez en cuando para que tome bien el sabor del adobo.

Cuando lo vaya a cocinar, vierta el aceite en una sartén, y cuando esté bien caliente, dore en él la carne. Pele y pique la cebolla, añádala a la sartén y rehóguela hasta que quede blanda y transparente.

Vierta en una fuente refractaria el aceite de freír la carne, junto con la cebolla rehogada. A continuación, coloque el lomo de cerdo frito, y rocíelo con el zumo de limón y unas cucharadas del líquido de la maceración. Introduzca la fuente en el horno previamente calentado a temperatura fuerte, y déjelo cocer, regándolo de vez en cuando con el líquido de cocción hasta que se haga.

Retire la fuente del horno, corte el lomo en lonchas, y sírvalo adornado con hojas de lechuga y rodajas de tomate.

1

Ate el lomo, colóquelo en una fuente junto con sal, los ajos, el vino, un vasito de agua, el pimentón y el orégano (1), y déjelo macerar durante tres días. Fríalo junto con la cebolla (2), vierta todo en una fuente refractaria (3), rocíelo con el zumo de limón (4) y cocínelo en el horno hasta que esté tierno.

3

CHULETAS CON VERDURAS

Microondas:	NO
Congelación:	NO
Tiempo de elaboración:	LARGO
Para 4 personas	

750 g. de chuletas (costillas, palos) de cordero
200 g. de tomate (jitomate) natural triturado
1 cebolla mediana, picada
2 dientes de ajo, pelados y picados
3 cucharadas de aceite de oliva
1/2 pimiento (pimentón) rojo picado
200 grs. de chorizo en rodajas
Sal y pimienta negra molida

Caliente el aceite en una sartén y dore las chuletas, previamente salpimentadas. Una vez doradas por ambos lados, colóquelas en una fuente refractaria, y manténgalas calientes.

A continuación, rehogue la cebolla y los ajos en el mismo aceite donde se frieron las chuletas. Cuando la cebolla esté transparente, incorpore el pimiento y el tomate, sazone y deje rehogar a fuego lento unos 20 minutos.

Seguidamente, cubra las chuletas con el sofrito y éste a su vez con las rodajas de chorizo.

Caliente el horno e introduzca la fuente con las chuletas, dejándolas durante 20 minutos a potencia media.

Fría las chuletas en el aceite caliente (1) y colóquelas en una fuent
Rehogue la cebolla y los ajos e incorpore el pimiento y el tomate (2
Cubra las chuletas con el sofrito (3) y éste con el chorizo (4

SOLOMILLO DE BUEY
A LA NARANJA

Microondas: SI	
Congelación: SI	
Tiempo de elaboración: MEDIO	
Para 6 personas	

*1 1/2 kgs. de solomillo
(diezmillo, lomo, solomo) de
buey (res, vaca)
2 zanahorias • 1 rama de apio
2 ramas de perejil
2 dientes de ajo
1 cebolla grande, troceada
2 pimientos (pimentones) rojos,
picados
400 ml. de zumo (jugo) de
naranja
1 copita de orujo o tequila
8 granos de pimienta negra
3 cucharadas de manteca de
cerdo (grasa animal)
100 ml. de nata (crema) líquida
Hierbas de olor, al gusto
(orégano, tomillo y laurel)
Sal*

Ate el solomillo para que no pierda su forma, y póngalo en una fuente. Añada todos los ingredientes excepto la manteca y la nata, y deje marinar 2 ó 3 horas. Escúrralo y dórelo en una sartén con la manteca. Cuando esté bien dorado, sazónelo y póngalo en una fuente de asar. Añada los ingredientes sólidos de la marinada y la mitad del líquido de la misma e introduzca en el horno, precalentado a temperatura alta, 30 ó 40 minutos, dependiendo del punto de cocción que le guste. Retire la carne de la fuente, y pase por la batidora la salsa, añadiendo si fuera necesario, el líquido sobrante de la marinada. Vierta en un cazo, y cueza a fuego lento, hasta que espese. Incorpore la nata y sazone. Corte la carne en lonchas, rodéela con un poco de salsa y adórnela con tiras de cáscara de naranja. Sirva la salsa restante, en salsera aparte.

Solomillo de buey a la naranja.

ESCALOPES A LA PIZZAIOLA

Microondas: SI	
Congelación: SI	
Tiempo de elaboración: MEDIO	
Para 4 personas	

500 g. de filetitos (bifes, bisteces, churrascos) de redondo de ternera (añojo, mamón, novilla) o de babilla
Harina (de trigo)
2 cucharadas de aceite
100 ml. de vino blanco
100 ml. de caldo
1 cucharada de concentrado de tomate (jitomate)
30 g. de filetes de anchoa (anchoveta, boquerón)
30 g. de cebollas en vinagre
30 g. de alcaparras (alcaparros, táparas)
30 g. de pepinillos en vinagre
Un puñado de orégano seco
Sal y pimienta

Aplaste ligeramente los filetitos de ternera y rebócelos cuidadosamente con harina.

Caliente el aceite en una sartén grande y dore en ella los escalopes, sazone con una pizca de sal y de pimienta; rocíelos con el vino blanco y déjelo evaporar totalmente a fuego lento.

Agregue el caldo caliente, en el que habrá diluido el concentrado de tomate, y deje cocer durante 15 ó 20 minutos. Mientras tanto, pique finamente los filetes de anchoa, las cebollas, las alcaparras y los pepinillos y añada este picadillo a los escalopes, a mitad de la cocción.

Una vez transcurrido el tiempo indicado, espolvoree sobre la carne el orégano desmenuzado, coloque los escalopes con su salsa en una fuente y sírvalos.

LOMO CON MELOCOTONES

Microondas: NO
Congelación: SI
Tiempo de elaboración: LARGO
Para 8-10 personas

2 kgs. de cinta de lomo (carré)
de cerdo (cochino, chancho,
lechón), fresca, en un trozo
250 g. de ciruelas pasas (secas)
2 cucharaditas de mostaza
2 cucharadas de salsa Worcester
2 hojas de laurel
1 lata de 500 g. de melocotón
(durazno) en almíbar
Sal y pimienta negra molida

Ponga las ciruelas en un cazo; cúbralas con agua, escáldelas y déjelas enfriar en ese agua.

Lave y seque la carne y átela con un bramante para que no pierda su forma durante la cocción; sazónela con sal y pimienta y colóquela en la bandeja del horno.

Vierta la salsa Worcester en un cuenco; añádale la mostaza y mezcle bien.

A continuación, unte el lomo con la mezcla de mostaza, por todos lados, con ayuda de un pincel, añada las hojas de laurel troceadas, e introduzca la fuente en el horno, previamente calentado a temperatura media, durante 15 minutos. Abra el horno, vuelva a untar el lomo con la mezcla de mostaza y agregue el almíbar de los melocotones.

Deje cocer la carne durante unos 30 ó 40 minutos más, repitiendo varias veces la operación de untar con la salsa. Cuando falten 15 minutos para terminar la cocción incorpórele las ciruelas y los melocotones, reservando 2 trozos para adornar.

Sirva el lomo fileteado junto con los melocotones reservados fileteados, así como las ciruelas y los melocotones troceados.

Escalde las ciruelas en agua hirviendo (1). Ate el lomo (2), mezcle la salsa Worcester y la mostaza (3) y pincele el lomo con la mezcla preparada (4). Filetee los melocotones reservados para el adorno (5).

1

2

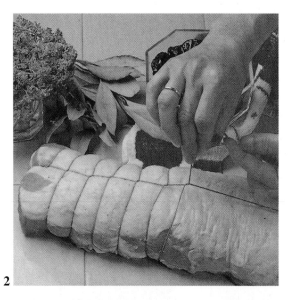

3

4

5

PUCHERO DE JUDIAS

Microondas:	NO
Congelación:	SI
Tiempo de elaboración:	LARGO
Para 6 personas	

750 g. de judías (alubias, frijoles, habichuelas, porotos) blancas
200 g. de panceta (tocino entreverado)
200 g. de codillo de cerdo (cochino, chancho, lechón)
4 chorizos
300 g. de tocino (panceta salada)
2 morcillas (morongas, rellenas) secas
Unas hebras de azafrán (camotillo, cúrcuma, yuquillo)
1 punta de jamón de 150 g. • Sal

Ponga las judías en un cuenco, cúbralas con agua fría y déjelas en remojo durante toda la noche. Escúrralas, páselas a una cazuela y cúbralas con agua fría; ponga la cazuela al fuego y, cuando comience la ebullición, retírela, escurra las judías, póngalas de nuevo en la cazuela, añada la panceta, los chorizos, el tocino, la punta de jamón y el codillo, cúbralas con agua, y deje cocer, a fuego lento y tapadas, unas 3 horas.

Diluya el azafrán en unas cucharadas del caldo de cocción de las judías y añádalo a éstas a mitad de la cocción. Unos 10 ó 15 minutos antes de finalizar la coc-ción, incorpore las morcillas lava-das y continúe cocinando.

Antes de servir el puchero, reti unas cuantas judías así como poco del caldo de cocción de l mismas, tritúrelas con ayuda un tenedor y vierta la pasta obt nida de nuevo en la cazuela, me clando cuidadosamente.

Por último, rectifique la sazó corte en rodajas los chorizos y l morcillas y trocee el jamón, el l cón, la panceta y el tocino.

Ponga las judías en una cazuela al fuego, cubiertas con agua (1) cuando comience la ebullición, escúrralas, póngalas de nuevo en la cazuela con la panceta, los chorizos, el tocino, el jamón, el codillo, cúbralas con agua (2), y deje que cuezan. Diluya el azafrán en unas cucharadas de caldo (3) y viértalo sobre el puchero. Triture unas judías con un tenedor (4) y vierta la pasta obtenida en la cazuela.

ROLLO DE FIAMBRE

Microondas: SI

Congelación: SI

Tiempo de elaboración: LARGO

Para 4-6 personas

750 g. de carne de ternera
(añojo, mamón, novilla), picada
(molida)
1 vasito de vino añejo
1 yema de huevo cruda
2 yemas de huevo duro
100 g. de manteca de cerdo
(grasa animal)
1 cucharada de piñones
1 cucharada de zumo (jugo) de
limón
50 g. de almendras tostadas
Harina (de trigo)
250 ml. de caldo
Nuez moscada (macís)
Sal y pimienta molida

Vierta la carne en un recipiente, y agréguele la yema cruda, una cucharada de harina, el vino, el zumo de limón y sazone con sal, nuez moscada y pimienta al gusto. Mezcle bien hasta obtener una masa homogénea.

Forme un rollo con el preparado anterior y colóquelo sobre una superficie ligeramente enharinada para que no se pegue, presionándolo fuertemente con las manos para darle forma y que quede bien compacto.

Coloque el rollo en una cazuela untada con manteca de cerdo y clave los piñones por toda la superficie. Forme bolitas con el resto de la manteca, repártala por encima, e introduzca la cazuela en el horno previamente calentado a temperatura fuerte, hasta que la carne quede hecha.

Vierta las almendras en el mortero, macháquelas, añada las dos yemas duras y diluya todo con el caldo. Cuele la salsa sobre un cazo, póngala al fuego y deje hervir unos 20 minutos. Corte la carne en rodajas y sírvala con la salsa.

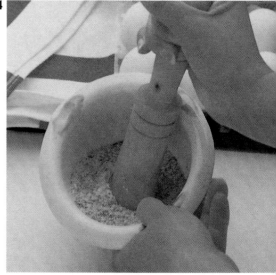

Mezcle la carne picada con la yema cruda (1), la harina, el vino y el zumo de limón y forme un rollo sobre una superficie enharinada (2). Colóquelo en una cazuela engrasada e introduzca los piñones por toda la superficie (3). Triture las almendras (4) y prepare la salsa.

Ternera picante con leche de coco.

TERNERA PICANTE CON LECHE DE COCO

Microondas: NO
Congelación: SI
Tiempo de elaboración: LARGO
Para 4 personas

500 g. de solomillo (diezmillo, lomo, solomo) de ternera (añojo, mamón, novilla), cortado en filetes (bifes, bisteces, churrascos) finos
100 g. de cacahuetes (cacahuate, cacahuey, maní), sin cáscara
4 cebollas
3 dientes de ajo
1 trocito de jengibre (cojatillo)
La cáscara de 1/2 limón, sólo la parte amarilla
200 ml. de leche de coco
500 g. de espinacas
1 guindilla (ají, chile)
2 cucharaditas de azúcar
1 cucharadita de salsa de soja (soya)
200 ml. de yogur natural • Sal

Pele los cacahuetes y macháquelos en un mortero. Ponga en el vaso de la batidora eléctrica, las cebollas troceadas, los ajos, el jengibre, la cáscara de limón, sal y un poco de leche de coco, bata hasta obtener una mezcla suficientemente homogénea y añada, sin dejar de batir, la mitad de la leche de coco restante.
Lave las espinacas, bajo el chorro del agua fría, escúrralas y píquelas en juliana fina; corte en aros muy finos la guindilla.
Caliente la leche de coco restante en una cazuela al fuego e incorpore la carne; en cuanto comience la ebullición baje el fuego al mínimo y deje que cueza lenta-

mente, durante unos 10 minutos. Incorpore los cacahuetes machacados, el azúcar y la salsa de soja y continúe la cocción, siempre a fuego lento, durante aproximadamente unos 20 minutos más.
Seguidamente, vierta el batido preparado en un cazo al fuego, tape el recipiente y cuézalo durante unos 10 minutos.
A continuación, vierta el batido caliente sobre la carne y deje cocer hasta que ésta esté tierna.
Mientras tanto, cueza las espinacas en una cazuela al fuego conteniendo abundante agua con sal durante unos 5 minutos, escúrralas cuidadosamente y póngalas en una fuente de servir.
En cuanto la carne esté cocida en su punto, colóquela sobre las espinacas, riéguela con la salsa, que deberá tener una consistencia suficientemente espesa, y vierta encima de ésta el yogur natural, espolvoreándolo con los aros de guindilla. Sirva enseguida.

CHULETAS DE CORDERO DIABLA

Microondas: SI
Congelación: SI
Tiempo de elaboración: CORTO
Para 4 personas

12 chuletas (costillas, palos) de cordero, con riñonada
4 cucharaditas de mostaza francesa
4 cucharadas de azúcar moreno (negro)
Sal y pimienta negra molida

Con ayuda de un cuchillo afilado, haga unos pequeños cortes a las chuletas, sazónelas con sal y pimienta, úntelas con la mitad de la mostaza y espolvoréelas con la mitad del azúcar. Colóquelas en la parrilla, cocínelas a fuego bajo durante 5 minutos, déles la vuelta, condiméntelas con el resto de los ingredientes y áselas durante 5 minutos más.

CORDERO A LA MENTA

Microondas: SI
Congelación: SI
Tiempo de elaboración: CORTO
Para 4 personas

1 kg. de chuletas (costillas, palos) de cordero, deshuesadas y enrolladas
1 cucharada de vinagre de vino blanco
Un manojo de menta o hierbabuena fresca, finamente picada
75 ml. de yogur natural
Sal y pimienta negra recién molida

Coloque las chuletas, una al lado de otra, en una fuente grande. Mezcle en un cuenco, el vinagre, la menta o la hierbabuena y el yogur, sazone con sal y pimienta al gusto y remueva con una cuchara de madera, hasta unir perfectamente los distintos ingredientes; vierta esta mezcla sobre las chuletas y déles la vuelta, para que queden bien impregnadas. Déjelas en el adobo, dentro del frigorífico, de 2 a 4 horas.
Engrase la parrilla con aceite y coloque las chuletas encima. Cocínelas 5 minutos por cada lado, o hasta que estén rosadas y jugosas. Sírvalas con tomates asados. Si lo desea, caliente el líquido del adobo a fuego bajo y sírvalo por separado, como salsa.

A la derecha: Cordero a la menta. Chuletas de cordero diabla.

GUISADO
DE CORDERO

Microondas:	NO
Congelación:	NO
Tiempo de elaboración:	LARGO
Para 6 personas	

1 1/4 kgs. de cordero troceado
500 g. de patatas (papas)
250 g. de zanahorias
2 dientes de ajo picados
2 cucharadas de perejil,
finamente picado
1 cebolla grande
300 g. de guisantes (arvejas,
chícharos) desgranados
100 g. de jamón serrano (crudo)
1 copa de vino blanco seco
100 ml. de aceite de oliva
1 cucharada de harina (de trigo)
250 ml. de caldo
Sal y pimienta negra

Coloque el cordero en un recipiente de loza o cristal y añádale los ajos y el perejil. Sazone con sal y pimienta, mezcle bien y deje en maceración durante 1 hora. Mientras tanto, caliente el aceite en una sartén y saltee el jamón picado y las zanahorias, raspadas y cortadas en cuadraditos. Retírelos y viértalos en una cazuela. A continuación, dore el cordero en el mismo aceite y viértalo en la cazuela con las zanahorias y el jamón. En el mismo aceite, rehogue la cebolla; sofría la harina,

incorpore el caldo sin dejar de remover, y añádalo al cordero.
Por último, riegue con el vino, tape la cazuela y cueza a fuego lento unos 40 minutos.
Finalmente, incorpore al cordero las patatas, previamente fritas, y

1

los guisantes. Vuelva a tapar y cueza a fuego muy lento hasta que el cordero esté en su punto, aproximadamente 30 minutos.
Si el líquido de cocción se reduce demasiado, añádale un poco más de caldo.

Vierta el cordero en un recipiente y mézclelo con los ajos y el perejil (1). Saltee el jamón junto con las zanahorias (2) y viértalos en una cazuela. Riegue el cordero con el vino (3) y finalmente, incorpore las patatas previamente fritas, y los guisantes (4).

2

3

4

1

3

CONEJO EN SALMOREJO

Microondas:	NO
Congelación:	SI
Tiempo de elaboración:	LARGO
Para 4 personas	

1 conejo, troceado
5 dientes de ajo
Unos granos de pimienta negra
1-2 cucharaditas de sal gorda
175 ml. de vinagre
500 ml. de aceite de oliva
175 ml. de vino blanco
1 cucharada de pimentón (color, pimentón en polvo)
1 cucharadita de orégano
1 cucharadita de tomillo
Unas patatas (papas) pequeñas cocidas, con su piel

Lave bien el conejo bajo el chorro del agua fría, séquelo con papel absorbente de cocina y póngalo en una fuente honda.

Pele los ajos y macháquelos en el mortero junto con los granos de pimienta y la sal gorda; incorpore la mitad del aceite, el vino, el vinagre y el pimentón, y mezcle bien; vierta este adobo sobre el conejo, y espolvoréelo con el orégano y el tomillo; tápelo con un paño de cocina, y déjelo en maceración durante unas 3 horas.

Transcurrido el tiempo de maceración del conejo, póngalo en un colador grande y deje que escurra, recogiendo el jugo que suelte en un plato hondo.

A continuación, caliente el aceite restante en una sartén grande y dore en ella el conejo; páselo a una cazuela, riéguelo con el adobo y deje que cueza, a fuego lento, y con el recipiente tapado, hasta que esté bien tierno y la salsa haya adquirido una consistencia suficientemente espesa.

Por último, pase el conejo junto con su salsa a una fuente y sírvalo muy caliente acompañado de las patatas cocidas.

Lave el conejo, séquelo y póngalo en una fuente; machaque en un mortero los ajos, junto con la sal gorda y lo granos de pimienta (1), añada vino, la mitad del aceite, el vinagre y el pimentón, mezcle bien y viértalo sobre el conejo; espolvoréelo con las hierbas (2) tape con un paño de cocina (3) deje en maceración.
Transcurrido el tiempo de maceración del conejo, escúrralo, y dórelo en una sart al fuego con el aceite restante bien caliente (4); retírelo con una espumadera y cuézalo con su adobo.

FONDUE DE CORDERO

Microondas: NO	
Congelación: NO	
Tiempo de elaboración: MEDIO	
Para 2 personas	

350 g. de cordero, cortado en cuadraditos de 2.5 cm. de lado
Aceite para freír

Para las salsas
y guarniciones:
150 g. de mayonesa espesa
1-2 cucharaditas de crema de rábano (rabanito) picante

1-2 cucharaditas de curry (carry) en polvo
1 cucharada de cebolla, finamente picada
2 cucharadas de pasas (uvas pasas) de Corinto, picadas
1 cucharada de catsup
1 tomate (jitomate), pelado y picado
Salsa inglesa
1 cucharada de perejil fresco, picado
2 pepinillos en vinagre, picados
1 cucharada de alcaparras (alcaparros, táparas), picadas
Sal y pimienta negra molida

Reparta los trocitos de cordero en dos platos individuales y ponga un tenedor especial para fondue a cada uno de ellos. Caliente el aceite a fuego muy suave, en un cazo.

Mientras tanto, prepare las salsas y guarniciones: reparta la mayonesa en cada una de cuatro salseras pequeñas. A la primera, añádale la crema de rábano picante, y sazone con sal y pimienta al gusto; a la siguiente, el curry en polvo, la cebolla, las pasas y sal y pimienta al gusto; a la tercera, el catsup, el tomate y la salsa in-

glesa, y a la última el perejil, l[os] pepinillos, las alcaparras y saz[o]ne con sal y pimienta negra mo[li]da, al gusto.

Vierta el aceite muy caliente con mucho cuidado en un rec[i]piente para fondue, y colóque[lo] sobre su quemador, en el cent[ro] de la mesa. Pinche un trozo [de] cordero con el tenedor especial [y] sumérjalo en el aceite, hasta qu[e] esté frito a su gusto, retírelo d[el] tenedor ayudándose con un ten[e]dor normal, e introdúzcalo en [la] salsa que desee. Sirva acompañ[a]da de una ensalada.

ALETA RELLENA

Microondas: NO
Congelación: SI
Tiempo de elaboración: LARGO
Para 6 personas

*1 1/2 kgs. de aleta de ternera
(añojo, mamón, novilla)
12 dientes de ajo
cucharadas de perejil picado
Una pizca de orégano
Un trocito de guindilla (ají,
chile) picada
250 g. de espinacas cocidas
1 tortilla de 3 huevos
100 g. de panceta (tocino) en
tiritas
Sal y pimienta*

*Para el caldo:
1 zanahoria • 1 rama de apio
1 puerro (ajo puerro, poro,
porro)
1 nabo (naba, coyocho) • Sal*

ave la aleta, séquela y extiénda-
, con la parte grasa hacia abajo,
bre una superficie de trabajo.
zónela con la guindilla, el oré-
no, sal y pimienta. Machaque
un mortero los ajos y el perejil
distribúyalos sobre la aleta.
eparta las espinacas por toda la
eta. Cúbralas con las tiritas de
nceta y sobre ésta ponga la tor-
la, en láminas muy finas. Enro-
 la aleta sobre sí misma y átela
n un bramante, apretando bien.
onga la aleta rellena en una
la, cúbrala con abundante agua,
ada la zanahoria, el puerro, el
bo, la rama de apio y sal y deje
e cueza, a fuego moderado,
sta que esté bien tierna.
uando la aleta esté en su punto,
cúrrala, córtela en lonchas y
vala fría acompañada, si lo de-
a, de patatitas asadas.

Aleta rellena.

CERDO AL VERMUT

Microondas: SI
Congelación: SI
Tiempo de elaboración: MEDIO
Para 4 personas

*300 g. de filetes (bifes, bisteces,
churrascos) de cerdo (cochino,
chancho, lechón), troceados
1 copa de vermut seco*

*1 cebolla pequeña, picada
50 g. de champiñones
(callampas, hongos) en láminas
50 g. de guisantes (arvejas,
chícharos)
1 pimiento (pimentón) verde
pequeño, sin semillas y en tiritas
1 cucharada de salsa de soja
(soya)
1 cucharada de harina (de trigo)
250 ml. de caldo*

*3 cucharadas de aceite
Sal y pimienta negra molida*

Caliente el aceite en una cazuela
y dore la carne a fuego vivo.
Agregue la cebolla y el pimiento,
baje el fuego y cueza 10 minutos.
Incorpore los ingredientes restantes, sazone con sal y pimienta, tape la cazuela y deje cocer a fuego lento durante 30 minutos.

CODILLO
CON VERDURAS

Microondas: NO	
Congelación: NO	
Tiempo de elaboración: LARGO	
Para 4 personas	

**500 g. de codillo de cerdo
(cochino, chancho, lechón)
500 g. de grelos o espinacas
300 g. de judías (alubias,
frijoles, habichuelas, porotos)
blancas
2 cucharadas de unto (manteca
de cerdo -grasa animal- rancia)
Sal**

Ponga las judías en remojo en agua fría la noche anterior. Al día siguiente, viértalas en una cazuela y llénela de agua fría; acérquela al fuego y deje cocer las judías hasta que estén tiernas.

Lave el codillo y póngalo en una olla con agua. Déjelo cocer a fuego lento unas dos o tres horas. Mientras tanto, lave los grelos y córtelos en trozos pequeños.

Cuando las judías estén casi hechas, a la hora y media de cocción, agregue el unto y deje que sigan cociendo a fuego medio. Si se van quedando sin líquido, añada más agua fría a la cazuela.

Una vez cocidas las judías, añada los grelos y el codillo; sazone si fuera necesario y deje que cueza todo junto hasta que los grelos estén hechos. Sirva el guiso muy caliente y bastante caldoso.

Ponga las judías en remojo la noche anterior (1). Cuando las judías estén casi tiernas, añada el unto (2). Mientras tanto, lave bien los grelos, y córtelos (3). Incorpore el codillo a la cazuela con las judías, junto con los grelos cortados (4) y deje cocer todo junto.

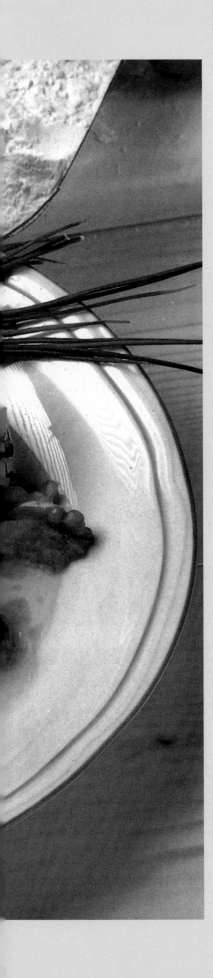

Carnes y aves

En el conjunto de las carnes, las aves representan una parte importantísima de los alimentos que consumimos de forma habitual y son piezas agradecidas, que generalmente gustan a todo el mundo y tienen un buen aprovechamiento.

Los avances en la cría de las aves de corral han hecho posible (sobre todo en el caso de los pollos) un producto con una calidad media estandarizada con un precio muy asequible y una carne rica en proteínas, de fácil digestión y asimilación. Las fórmulas de preparación de las aves son de una gran variedad, desde una simpleza total hasta las preparaciones más sofisticadas de los grandes chefs, y mezcladas con otras carnes como el cerdo o el vacuno, forman guisos sustanciosos que representan una comida completa.

En cuanto a las aves de caza, en la actualidad, se obtienen en granjas la mayor parte de las variedades que antaño sólo existían en su forma salvaje.

Esto ha permitido que su consumo sea posible durante todo el año, al mismo tiempo que se han hecho accesibles a un sector más amplio de la población y con un coste razonable. En este tomo hemos querido unir, junto con las aves, otras recetas en las que los ingredientes, de aves y otras carnes, van unidos para dar un toque especial y un sabor inigualable.

POLLO FRITO
AL AZAFRAN

Microondas:	NO
Congelación:	SI
Tiempo de elaboración:	LARGO
Para 4-6 personas	

*1 pollo, cortado en trozos
grandes
2 tomates (jitomates)
1 cebolla grande, finamente
picada
4 dientes de ajo, sin pelar
1 hoja de laurel
2 yemas de huevos cocidos
175 ml. de vino blanco
250 ml. de caldo de pollo
10 almendras tostadas
6 cucharadas de aceite
Unas hebras de azafrán
(camotillo, cúrcuma, yuquillo)
Unas ramitas de perejil
(opcional)
Sal y pimienta negra, recién
molida*

*Para adornar:
Las claras de los huevos cocidos,
cortadas en rodajas
Unas rodajas de tomate
(jitomate)*

Caliente el aceite en una sartén al fuego, añada los dientes de ajo y fríalos, hasta que estén bien dorados; retírelos con una espumadera y resérvelos.

Seguidamente, limpie los trozos de pollo, lávelos y séquelos cuidadosamente; sazónelos con sal y pimienta y fríalos en el aceite donde doró los ajos; retírelos, escúrralos bien y póngalos en una cazuela.

A continuación, rehogue la cebolla en el aceite que ha quedado en la sartén, hasta que esté transparente; añada los tomates, previamente pelados y troceados, deje que se frían y vierta este sofrito sobre el pollo. Riegue con el vino, deje que éste se reduzca ligeramente, a fuego moderado, in-

corpore el caldo y el laurel, y continúe la cocción.

Mientras tanto, pele los ajos dorados, póngalos en el mortero y macháquelos junto con las yemas de huevo, las almendras, el azafrán y el perejil, si lo utiliza, añadiendo un poco de agua, de manera que obtenga una pasta homogénea.

Por último, vierta la pasta preparada en la cazuela sobre el pollo, rectifique la sazón si fuera necesario, y deje que cueza hasta que esté bien tierno.

Deje reposar unos minutos y sirva adornado con las rodajas de clara de huevo y de tomate.

*Caliente el aceite en una sartén,
fría los ajos, retírelos con una
espumadera (1), e incorpore el
pollo, dejando que se dore bien
(2); pase el pollo a una cazuela,
añada el sofrito de cebolla y
tomate y riegue con el vino (3).
Prepare un majado con los ajos,
las yemas de huevo, las
almendras, el azafrán y perejil
(4) y añádalo al guiso.*

3

POLLO EN SALSA

Microondas: NO

Congelación: SI

Tiempo de elaboración: LARGO

Para 4 personas

1 pollo de 1 1/4 kgs. de peso
aproximadamente
5 cucharadas de manteca de
cerdo (grasa animal)
5 cucharadas de aceite de oliva
100 g. de jamón serrano (crudo),
cortado en daditos
2 dientes de ajo, cortados en
lonchitas
2 hojas de laurel
1 ramita de tomillo
Una pizca de canela
Sal y pimienta negra, recién
molida

Limpie el pollo cuidadosamente, flaméelo y lávelo bien; séquelo con papel absorbente de cocina y, con ayuda de un cuchillo bien afilado córtelo en ocho trozos.

A continuación, caliente la manteca de cerdo y el aceite en una sartén al fuego, añada los trozos de pollo y fríalos; según vayan dorándose, retírelos con una espumadera y páselos a una cazuela, que mantendrá al calor.

Seguidamente, sofría en la grasa que ha quedado en la sartén, los daditos de jamón y, con ayuda de una espumadera, páselos también a la cazuela; vierta en la sartén los ajos cortados en lonchitas, las hojas de laurel y el tomillo y deje que se doren.

Sazone el pollo con la canela y sal y pimienta negra recién molida al gusto y vierta por encima el sofrito de los ajos con su grasa; tape la cazuela con un plato hondo conteniendo agua, y deje que cueza, hasta que esté tierno.

Por último, cuando el pollo esté cocido en su punto, páselo a una fuente de servir, vierta por encima la salsa y sírvalo enseguida bien caliente.

Limpie el pollo y córtelo en
ocho trozos (1). Caliente el
aceite y la manteca en una
sartén, fría el pollo (2), y
páselo a una cazuela.
Sofría el jamón, viértalo en la
cazuela y en el mismo aceite,
fría los ajos, el laurel y el
tomillo (3), viértalos sobre el
pollo, tape el recipiente con
un plato con agua (4)
y cueza.

POLLO AL CHILINDRON

Microondas: NO

Congelación: SI

Tiempo de elaboración: LARGO

Para 4 personas

1 pollo, troceado
1 cebolla, finamente picada
2 dientes de ajo, picados
3 tomates (jitomates), pelados y picados
2 pimientos (pimentones)
175 ml. de vino blanco
50 g. de tocino (panceta) entreverado, picado
6 cucharadas de aceite de oliva
Sal y pimienta

Caliente la mitad del aceite en una sartén al fuego, añada los ajos y la cebolla y rehogue, hasta que esta última esté transparente; añada los tomates y cocine, a fuego lento 10 ó 15 minutos.

Caliente el aceite restante en una cazuela de barro, añada el tocino, sofríalo y agregue los trozos de pollo; deje que se doren, incorpore los pimientos, remueva y vierta por encima el sofrito de tomate; mezcle bien, deje que se rehogue todo junto, a fuego lento, durante unos minutos, y añada el vino, un vasito de agua y sal y pimienta. Continúe la cocción, a fuego lento, hasta que el pollo esté tierno.

Nota: Si lo desea, sustituya el tocino por jamón serrano, no demasiado curado y añada un poco de guindilla. Puede utilizar pimientos rojos o verdes o un pimiento rojo y otro verde, lo que dará un contraste de color.

Rehogue la cebolla (1). Dore el pollo en una cazuela, añada los pimientos (2), remueva, e incorpore el sofrito de tomate (3); vierta por encima el vino (4) y continúe la cocción.

CODORNICES A LA BISMARCK

Microondas: NO
Congelación: SI
Tiempo de elaboración: LARGO
Para 4 personas

*8 codornices (coallas, colines) ya
preparadas para su cocción
50 g. de mantequilla (manteca,
margarina)
2 cucharadas de aceite de oliva
extra virgen
Un ramito de salvia
1 diente de ajo
Harina (de trigo)
100 ml. de vino blanco seco
8 huevos
Sal y pimienta negra, recién
molida*

Abra las codornices por la mitad en sentido longitudinal, pero dejándolas unidas por la parte de la columna, aplánelas, presionándolas con la palma de la mano, lávelas con cuidado y séquelas con un paño de cocina.

A continuación, fría en una sartén grande con el aceite y 20 gramos de mantequilla, la salvia bien lavada y seca, y el ajo, ligeramente aplastado; cuando este último esté dorado retire ambos ingredientes de la sartén, desechándolos, e incorpore las codornices ligeramente enharinadas y con la parte interna hacia arriba. Cúbralas con una tapa de tamaño un poco más pequeño que la sartén y ponga encima un peso. Dórelas a fuego vivo y déles la vuelta; salpiméntelas, riéguelas con el vino y ponga de nuevo la tapa y el peso.

Cuando el vino se haya evaporado, retire las codornices y colóquelas, de dos en dos, sobre platos individuales previamente calentados.

Seguidamente, vuelva a poner la sartén al fuego, añada el resto de la mantequilla, deje que se derrita, casque encima los huevos, te-niendo cuidado de que queden bien distanciados, sale las claras y, en cuanto empiecen a cuajarse, retírelos con una espumadera, coloque un huevo sobre cada codorniz y sírvalas enseguida.

MUSLOS DE POLLO SABROSOS

Microondas: NO
Congelación: SI
Tiempo de elaboración: LARGO
Para 4 personas

*8 muslos de pollo
80 g. de mantequilla (manteca,
margarina)
2 cebollas grandes, peladas y
cortadas en aros
El zumo (jugo) de 1 limón
1 cucharada de concentrado de
carne
1 pastilla para caldo
250 ml. de cerveza
1 hoja de laurel
Sal y pimienta*

Primeramente, derrita la mantequilla en una cazuela al fuego, añada los muslos de pollo y dórelos de manera uniforme.

A continuación, incorpore las cebollas, el zumo de limón, el concentrado de carne, la pastilla desmenuzada, la cerveza y la hoja de laurel, sazone con sal y pimienta al gusto, tape la cazuela y deje que cueza, a fuego muy lento, durante unos 30 minutos.

Por último, retire la preparación del fuego y sirva enseguida muy caliente.

Nota: Puede completar el valor nutritivo de esta preparación, sirviendo el pollo con verduras cocidas y cebollitas francesas salteadas en mantequilla.

PUCHERO DE CARNES

Microondas: NO

Congelación: NO

Tiempo de elaboración: LARGO

Para 4-6 personas

---

500 g. de garbanzos (tenientes)
1/2 pollo • 1/2 gallina
1 mano de cerdo (cochino,
chancho, lechón)
1 butifarra blanca
200 g. de tocino (panceta)
fresco
3 huesos de rodilla
500 g. de morcillo
2 puerros (ajos puerros, poros,
porros)
3 nabos (nabas, coyochos)
3 zanahorias • 1 cebolla
1 repollo (col) pequeño
6 patatas (papas)
100 g. de fideos • Sal

Para el relleno:
250 g. de carne de añojo
(mamón, novilla, ternera),
picada (molida)
100 g. de carne de cerdo
(cochino, chancho, lechón),
picada (molida)
1 cucharada de perejil, picado
1 diente de ajo, picado
1 cucharada de harina (de trigo)
4 cucharadas de aceite

Ponga los garbanzos en un cuenco, cúbralos con agua y déjelos en remojo durante toda la noche.

Ponga en una cazuela el pollo, la gallina, la mano de cerdo, el tocino, los huesos y el morcillo, cubra todo con agua fría y deje que rompa a hervir, a fuego moderado. Retire la espuma, incorpore los garbanzos escurridos y las verduras, excepto las patatas y el repollo, ya limpias y troceadas, sale y continúe la cocción.

Corte el repollo en tiras y cuézalo en un poco del caldo de cocción de los garbanzos. Escúrralo, incorpórelo al guiso junto con la butifarra y las patatas peladas y continúe cocinando hasta que estas últimas estén cocidas.

Prepare el relleno: mezcle en un cuenco las carnes, añada el ajo y el perejil y mezcle bien. Forme con el preparado un rollo alargado, enharínelo y fríalo en una sartén con el aceite caliente, hasta que esté bien dorado por todas partes. Añada el relleno de carne al guiso, rectifique de sal, y continúe la cocción 30 minutos más.

Retire de la cazuela las carnes, las verduras, los garbanzos, los huesos y el relleno de carne y cuele el caldo, a un cazo; ponga el cazo al fuego y, cuando rompa a hervir, incorpore los fideos y deje que cuezan hasta que estén "al dente". Sirva la sopa como primer plato, seguida de los garbanzos, las verduras y las carnes troceadas.

Cueza las carnes, junto con los garbanzos y las verduras, excepto las patatas y el repollo, cociendo este último en una cazuela aparte con un poco del caldo de los garbanzos (1). Prepare el relleno mezclando en un cuenco los ingredientes indicados (2), fríalo en aceite caliente (3) y añádalo al guiso (4).

3

POLLO CON TOMATE

Microondas: NO
Congelación: SI
Tiempo de elaboración: LARGO
Para 4 personas

1 pollo, cortado en cuartos
4 lonchas de jamón serrano
(crudo)
2 cebollas medianas, finamente
picadas
3 tomates (jitomates), pelados,
sin semillas y picados

175 ml. de brandy (cognac)
6 cucharadas de aceite
Sal

Para adornar:
Unos tomatitos
Unas ramitas de perejil

Lave el pollo, y séquelo cuidadosamente con papel absorbente de cocina. Sálelo y coloque, debajo de la piel de cada trozo de pollo, levantándola con los dedos, una loncha de jamón.

Caliente el aceite en una cazuela de barro al fuego, añada los cuartos de pollo y fríalos hasta que estén muy dorados.
A continuación, agregue las cebollas y los tomates y remueva.
Seguidamente, añada el brandy e introduzca la preparación en el horno, previamente calentado a temperatura media, hasta que el pollo esté bien tierno.
Por último, adorne con los tomatitos y las ramitas de perejil y sirva bien caliente.

Introduzca las lonchas d
jamón entre la piel y la carn
del pollo (1), y fríalo en un
cazuela de barro hasta qu
esté muy dorado (2); añada l
cebollas, el tomate (3) y
brandy (4) y horne

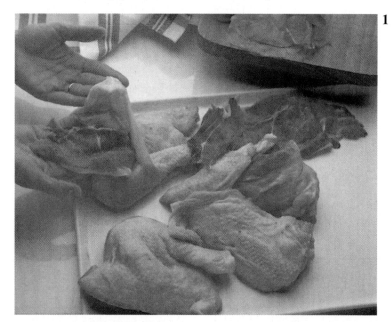

1

3

CAPON AL CURRY

Microondas:	NO
Congelación:	SI
Tiempo de elaboración:	LARGO
Para 4 personas	

1 capón o pollo, de 1 1/2 kgs. de peso aproximadamente, cortado en trozos
1 cebolla grande, picada
50 g. de jamón serrano (crudo), picado
Unas hebras de azafrán (camotillo, cúrcuma, yuquillo) o una pizca de azafrán (camotillo, cúrcuma, yuquillo) en polvo
1 cucharada de curry (carry) en polvo
10 almendras, peladas
1 diente de ajo
175 ml. de vino blanco
1 yema de huevo cocido
Unas ramitas de perejil
6 cucharadas de aceite
Harina (de trigo)
Sal y pimienta negra, molida

Lave el capón bajo el chorro del agua fría y séquelo; salpiméntelo al gusto y enharínelo.

Caliente el aceite en una sartén grande y dore en ella el capón; retírelo y póngalo en una cazuela.

Seguidamente, retire de la sartén la mitad del aceite, añada la cebolla y deje que se rehogue, hasta que esté transparente; agregue el jamón serrano picado, sofríalo ligeramente y viértalo en la cazuela sobre el capón.

Machaque en un mortero el ajo junto con las almendras, el curry, el azafrán, el perejil finamente picado y sal; diluya este majado con el vino e incorpórelo a la cazuela. Vierta la cantidad de agua necesaria para cubrir el capón, tape el recipiente y deje que cueza, a fuego lento, hasta que el ave esté bien tierna.

Por último, triture la yema de huevo con un tenedor, incorpórela al guiso, mezclando bien y deje que dé un hervor, antes de pasar la preparación a una fuente y servirla bien caliente.

Dore el capón (1), y páselo a una cazuela. Rehogue la cebolla junto con el jamón y viértalo sobre el capón (2). Machaque el ajo, las almendras, el curry, el azafrán, el perejil y sal y dilúyalo con el vino (3). Triture la yema (4) y añádala al guiso.

3

FAISAN A LA ROB ROY

Microondas: NO

Congelación: SI

Tiempo de elaboración: LARGO

Para 4 personas

1 faisán o un pollo de 1 1/4 kgs.
aproximadamente, ya limpio
2 cebollas
3 zanahorias
3 ramas de apio
Un ramito de hierbas aromáticas
1 clavo de olor (de especias)
1 hoja de laurel
750 ml. de caldo (de pollo, de
carne o de pastilla)
250 ml. de vino tinto
Sal y pimienta, recién molida

Corte en rodajas finas las cebollas y las zanahorias, pique el apio y coloque estos ingredientes sobre el fondo de una cacerola junto con el ramito de hierbas aromáticas, el clavo y la hoja de laurel.

Limpie, flamee, lave y corte en trozos el faisán; colóquelo en la cacerola sobre las verduras, vierta encima el vino y el caldo y sazone con sal y pimienta.

Cubra la cacerola con una hoja de papel de aluminio y tápela lo más herméticamente posible. Coloque el recipiente a fuego vivo y, cuando comience la ebullición, baje el fuego y continúe la cocción durante 2 horas o hasta que la carne esté bien tierna, rectificando de sal si fuera necesario.

Retire el faisán de la cacerola, colóquelo en una fuente y cúbralo con el fondo de cocción previamente pasado por un pasapurés. Sírvalo enseguida muy caliente.

Nota: Si la salsa resultara demasiado líquida, redúzcala a fuego vivo durante unos minutos, removiendo cuidadosamente.

Esta receta, puede seguirse utilizando cualquier tipo de caza, como por ejemplo el conejo.

GUISO DE MONTANA

Microondas: NO

Congelación: SI

Tiempo de elaboración: LARGO

Para 6 personas

1/2 pollo
400 g. de falda de ternera
(añojo, mamón, novilla)
1 cebolla
120 g. de mantequilla (manteca,
margarina)
300 g. de alubias (frijoles,
habichuelas, judías, porotos)
blancas ya cocidas
3 tomates (jitomates) cortados en
rodajas
200 g. de patatas (papas)
250 g. de maíz (choclo, elote) en
lata (opcional)
Unas gotas de salsa tabasco
Unas gotas de salsa Worcester
Sal y pimienta

Lave las carnes y cuézalas juntas en una cazuela con abundante agua salada, hasta que la carne del pollo se separe de los huesos.

Retire el pollo y la ternera del caldo, deshuese el primero desechando la piel y trocee ambas carnes. Vuelva a introducirlas en el caldo, salpimente y continúe la cocción unos 30 minutos.

Pele y cueza aparte las patatas y escúrralas. Elimine las semillas de los tomates, pique la cebolla, escurra las alubias y el maíz (si lo utiliza) del líquido de conservación y vierta todo en la cazuela con la carne, cocinando hasta obtener un compuesto espeso.

Añada los ingredientes restantes, mezclando bien, vierta en una sopera y sirva enseguida.

POLLO A LA MANZANA

Microondas: NO

Congelación: SI

Tiempo de elaboración: LARGO

Para 6 personas

1 pollo grande troceado
4 manzanas sin pelar y cortadas
en cuartos
2 cebollas grandes, una de ellas
cortada en aros finos y la otra
por la mitad
2 dientes de ajo, picados
2 hojas de laurel
2 ramas de tomillo
2 ramas de mejorana (almorabú,
amáraco)
3 cucharadas de mantequilla
(manteca, margarina)
100 g. de pan cortado en
rebanadas
125 ml. de leche
500 g. de tomates (jitomates)
1/2 cucharadita de cominos
125 ml. de vino blanco • Sal

Caliente abundante agua en una cacerola al fuego, añada el pollo, la cebolla cortada por la mitad, los ajos, el laurel, el tomillo, la mejorana y sal y deje que cueza hasta que el pollo esté tierno.

Mientras tanto, derrita la mitad de la mantequilla en una sartén al fuego, agregue el pan y fríalo; retírelo con una espumadera, remójelo en la leche y bátalo, con una batidora eléctrica, junto con los tomates, los cominos y sal hasta obtener una salsa homogénea.

Seguidamente, caliente la mantequilla restante en una cazuela al fuego, y rehogue en ella la cebolla cortada en aros hasta que esté transparente; incorpore la salsa preparada, el pollo, escurrido del caldo de cocción, las manzanas y el vino y deje que cueza hasta que las manzanas estén tiernas.

Por último, pase todo a una fuente y sirva enseguida adornado con un ramito de perejil rizado.

POLLO A LA CAMPESINA

Microondas: NO

Congelación: SI

Tiempo de elaboración: LARGO

Para 4-6 personas

1 pollo de 2 kgs. de peso aproximadamente
5 tomates (jitomates), maduros
2 pimientos (pimentones) rojos
2 cebollas, picadas
250 ml. de caldo de carne
250 ml. de vino blanco
300 g. de guisantes (arvejas, chícharos), desgranados
250 ml. de aceite
Harina (de trigo)
Sal y pimienta

Para acompañar:
Puré de patata (papa)
Unas hojas de perejil

Limpie el pollo, lávelo, séquelo con papel absorbente y trocéelo. Escalde los tomates en agua hirviendo, pélelos y píquelos. Ase los pimientos en el horno, pélelos, retire las semillas y píquelos. Sazone el pollo con sal y pimienta, enharínelo y fríalo en una sartén al fuego con el aceite caliente; cuando esté bien dorado, retírelo con una espumadera y póngalo en una cazuela de barro; rehogue la cebolla en el aceite que ha quedado en la sartén, cuando esté transparente, añada los tomates y deje que cuezan, a fuego muy lento, y removiendo frecuentemente, durante unos 15 minutos. Vierta este sofrito en la cazuela de barro sobre el pollo, riegue con el vino y deje que éste se reduzca ligeramente durante unos 5 minutos. Por último, agregue el caldo de carne, los pimientos y los guisantes y continúe cocinando hasta que el pollo esté bien tierno. Sírvalo caliente acompañado de puré de patata y adornado con hojitas de perejil.

Escalde los tomates, pélelos y píquelos (1). Salpimente el pollo, enharínelo (2) y fríalo. Prepare un sofrito con las cebollas y los tomates y viértalo sobre el pollo (3); riéguelo con el vino (4) y el caldo, añada el resto de los ingredientes y cueza.

COCIDO MARAGATO

Microondas: NO

Congelación: SI

Tiempo de elaboración: LARGO

Para 4 personas

300 g. de garbanzos (tenientes)
250 g. de morcillo
100 g. de carne de cordero
Un cuarto trasero de gallina
200 g. de tocino (panceta salada)
1 punta de jamón serrano
(crudo)
1 hueso de rodilla
1 hueso de caña
150 g. de codillo de cerdo
(cochino, chancho, lechón)
2 nabos (nabas, coyochos)
4 zanahorias
2 patatas (papas) • 1 chorizo
1 morcilla (moronga, rellena)
1/2 repollo (col) mediano
80 g. de fideos

Ponga en un cuenco los garbanzos, cúbralos con agua y déjelos en remojo durante toda la noche. Ponga en una olla el morcillo, la carne de cordero, la gallina, el tocino, el jamón y los huesos de rodilla y de caña, cúbralo todo con agua, póngala al fuego y, cuando comience la ebullición, retire la espuma que se formará; incorpore los garbanzos escurridos y continúe la cocción, a fuego lento, durante 1 1/2 horas.

Añada entonces el lacón, los nabos pelados, las zanahorias raspadas, las patatas peladas, el chorizo y la morcilla y deje que cueza 30 minutos más. Corte el repollo en tiras finas y cuézalo; escúrralo y resérvelo al calor. Cuando los garbanzos estén tiernos, cuele el caldo y cueza en él los fideos. Trocee las carnes y corte en rodajas el chorizo y la morcilla.

Nota: Este cocido debe servirse en este orden: primero las verduras, de segundo las carnes y por último y muy caliente la sopa.

Cueza las carnes junto con los huesos y el tocino y espume la superficie (1), incorpore los garbanzos (2) deje que cueza y a continuación añada las zanahorias, las patatas, el nabo (3), el chorizo y la morcilla. En una cazuela aparte cueza el repollo cortado en tiras (4). Trocee las carnes y corte en rodajas la morcilla y el chorizo (5).

GALLINA EN PEPITORIA

Microondas: NO

Congelación: SI

Tiempo de elaboración: LARGO

Para 4-6 personas

1 gallina
1 cebolla, finamente picada
250 ml. de leche
200 ml. de vino blanco
200 ml. de caldo de pollo
1 diente de ajo
15 nueces
50 g. de manteca de cerdo (grasa animal)
Aceite
Harina (de trigo)
Sal y pimienta negra, molida

Para acompañar:
Arroz cocido, mezclado con perejil picado
Tomatitos de jardín

Limpie la gallina, lávela bien y séquela cuidadosamente con papel absorbente de cocina; córtela en trozos y enharínelos.

A continuación, caliente abundante aceite en una sartén al fuego y fría los trozos de gallina hasta que estén bien dorados.

Seguidamente, derrita la manteca de cerdo en una cazuela al fuego, añada la cebolla y rehóguela hasta que esté transparente; agregue los trozos de gallina y el vino y continúe cocinando.

Mientras tanto, casque las nueces, pélelas y póngalas en un mortero; macháquelas junto con el diente de ajo, hasta obtener una pasta, e incorpore la leche, removiendo con la mano del mortero, hasta obtener una mezcla homogénea.

Por último, vierta el majado sobre los trozos de gallina y añada el caldo de pollo; sazone con sal y pimienta al gusto y deje que cueza hasta que la gallina esté bien tierna. Sírvala acompañada del arroz y de los tomatitos.

Enharine los trozos de gallina y fríalos (1); rehogue la cebolla en una cazuela con la manteca, y añada los trozos de gallina (2). Machaque en un mortero las nueces peladas junto con el ajo (3), incorpore la leche, vierta la mezcla sobre la gallina (4) y deje cocer hasta que esté tierna.

PECHUGAS RELLENAS

Microondas: NO	
Congelación: SI	
Tiempo de elaboración: LARGO	
Para 4 personas	

4 pechugas de pollo,
deshuesadas
40 g. de mantequilla (manteca,
margarina)

1 cebolla pequeña, picada
150 g. de arroz
1/2 cucharadita de azafrán
(camotillo, cúrcuma, yuquillo)
en polvo
1 hoja de laurel
3 clavos de olor (de especias)
2 semillas de cardamomo
(opcional)
Sal

Derrita la mantequilla en una cazuela, añada el arroz y la cebolla y deje que se rehoguen, hasta que esta última esté transparente; agregue el azafrán, el laurel, los clavos de olor y el cardamomo, si lo utiliza y sazone al gusto. Incorpore el doble de cantidad de agua que el volumen del arroz y deje cocer, a fuego muy lento, hasta que el arroz esté en su punto.

Ponga las pechugas entre dos ho jas de papel encerado y pase p encima un rodillo, de manera qu queden más lisas y delgadas. Di tribuya entre ellas el relleno arroz, reservando un poco apart enróllelas sobre sí mismas y fíje las con una brocheta de madera. Caliente una parrilla a fuego viv y ase las pechugas. Sírvala acompañadas del arroz reservad

MUSLOS DE POLLO A LA PARRILLA

Microondas: NO
Congelación: SI
Tiempo de elaboración: LARGO
Para 4 personas

8 muslos de pollo
50 ml. de caldo de pollo (puede ser de pastilla)
1 cucharada de puré de tomate (jitomate), de lata
1 cucharada de mantequilla (manteca, margarina)
2 cucharadas de harina (de trigo)

Para el adobo:
150 ml. de vino tinto
2 cucharadas de zumo (jugo) de limón
1 cebolla mediana, cortada en aros
1 zanahoria, raspada y cortada en rodajas
1 tallo de apio, finamente picado
1 ramita de perejil
1 ramita de tomillo
1 hoja de laurel
6 granos de pimienta negra, ligeramente machacados
3-4 cucharadas de aceite • Sal

Prepare el adobo: mezcle todos los ingredientes indicados en un cuenco y déjelos reposar, en un lugar fresco y con el recipiente tapado con una hoja plástica, durante aproximadamente 1 hora.

A continuación, coloque los muslos de pollo, bien limpios, en una sola capa, sobre una fuente honda, cúbralos con el adobo preparado y ya reposado, introdúzcalos en el frigorífico y déjelos en maceración durante unas 2 horas, como mínimo.

Una vez transcurrido el tiempo de maceración del pollo, retire la fuente del frigorífico, escurra los muslos, reservando el adobo, póngalos sobre una parrilla muy caliente y áselos, a fuego vivo y dándoles vueltas frecuentemente, hasta que estén dorados de manera uniforme.

Mientras tanto, cuele el adobo, pasándolo a través de un colador fino, conservando sólo el líquido del mismo y mézclelo con el caldo de pollo, y el puré de tomate; viértalo en un cazo al fuego y deje que cueza durante aproximadamente unos 10 minutos, removiendo frecuentemente con una cuchara de madera.

Seguidamente, derrita la mantequilla en una sartén pequeña, añada la harina, sin dejar de remover con una cuchara de madera para evitar que se formen grumos, y tuéstela ligeramente; incorpórele la salsa preparada con el adobo y deje cocer hasta que espese.

Por último, pase los muslos bien asados a una fuente, vierta por encima la salsa y sirva.

PATO GLASEADO

Microondas: SI
Congelación: SI
Tiempo de elaboración: LARGO
Para 4 personas

1 pato de aproximadamente 2 kgs. de peso, ya limpio
500 g. de cerezas (guindas, picotas)
300 ml. de vino blanco seco
Sal y pimienta negra, molida

Para adornar:
Unos manojitos de berros (balsamitas, mastuerzos)

Limpie cuidadosamente el pato, lávelo bajo el chorro del agua fría y séquelo con papel absorbente.

A continuación, pinche el pato varias veces con un tenedor, sazónelo con sal y pimienta al gusto y póngalo sobre la rejilla del horno; coloque la rejilla sobre la placa e introdúzcalo en el horno, previamente calentado a temperatura alta, durante aproximadamente 1 hora y 45 minutos.

Mientras tanto, deshuese las cerezas, póngalas junto con el vino blanco seco en un cazo al fuego y deje que cuezan hasta que estén tiernas, pero no deshechas; reserve unas cuantas enteras y pase el resto por un pasapurés.

Unos 30 minutos antes de finalizar la cocción del pato, riéguelo con un poco del puré de cerezas, cueza el restante en un cacito al fuego, hasta que se reduzca a la mitad de su volumen y añada las cerezas reservadas enteras.

Por último, pase el pato junto con su fondo de cocción a una fuente, vierta por encima la salsa con las cerezas y sírvalo enseguida muy caliente, adornado con los manojitos de berros.

PERDICES CON CHOCOLATE

Microondas: NO	
Congelación: SI	
Tiempo de elaboración: LARGO	
Para 4 personas	

2 perdices
12 cebollitas francesas
1 onza de chocolate
1 cucharada de manteca de cerdo (grasa animal)
3 cucharadas de aceite de oliva
2 dientes de ajo
1 hoja de laurel
200 ml. de vino blanco
100 ml. de vinagre
250 ml. de caldo de carne
4 granos de pimienta
2 clavos de olor (de especias)
Sal

Para acompañar:
Arroz cocido
Perejil picado

Limpie las perdices y átelas cuidadosamente para que no pierdan la forma durante la cocción.

A continuación, caliente la manteca de cerdo junto con el aceite en una sartén al fuego, y fría las perdices hasta que estén bien doradas; retírelas con una espumadera y páselas a una cazuela.

Seguidamente, pele los ajos y dórelos junto con la hoja de laurel en la grasa que ha quedado en la sartén, vierta este sofrito sobre las perdices, añada el vino blanco, el vinagre, el caldo, los granos de pimienta, los clavos y sal al gusto y deje que cueza, a fuego lento y con el recipiente tapado, durante unos 45 minutos, aproximadamente. Transcurrido el tiempo de cocción indicado, incorpore las cebollitas y continúe cocinando durante 45 minutos.

Cuando las perdices estén bien cocidas, retírelas de la cacerola, desátelas y ábralas por la mitad, sin llegar a separarlas del todo;

póngalas en una fuente, retire de la cazuela las cebollitas y los ajos, colocando ambos ingredientes en la fuente con las perdices y reserve al calor.

Retire del fondo de cocción de las perdices la hoja de laurel; pase parte del fondo de cocción a un cuenco, añada el chocolate, y fúndalo al baño María y removiendo constantemente; mézclelo con el resto del fondo de cocción y vierta esta salsa sobre las perdices.

Por último, forme con el arroz cocido unos flanes, que desmoldará sobre la fuente, espolvoréelos con el perejil y sirva enseguida.

Limpie y ate las perdices (1); fríalas en el aceite previamente calentado junto con la manteca, páselas a una cazuela, añada el vino (2), el vinagre, el caldo, la pimienta, los clavos y sal, y cuézalas. Desátelas y ábralas por la mitad (3). Pase parte del fondo de cocción a un cuenco, agregue el chocolate (4), fúndalo al baño María y mézclelo con el resto del fondo de cocción.

3

PULARDA CON MANZANAS

Microondas: NO

Congelación: SI

Tiempo de elaboración: LARGO

Para 4 personas

1 pularda grande o gallina joven
4 manzanas, peladas y cortadas
en gajos
200 ml. de vino blanco
1 cucharada de manteca de
cerdo (grasa animal)
100 ml. de aceite
1 diente de ajo

Unas ramitas de perejil
Una pizca de canela
Sal y pimienta negra, recién
molida

Limpie cuidadosamente la pularda; lávela, séquela tanto por el interior como por el exterior con papel absorbente de cocina y póngala en una fuente de barro.

Mezcle en un cuenco la manteca de cerdo junto con un poco de sal y pimienta y la canela y unte el exterior de la pularda con esta mezcla, poniendo un poco de la misma en el interior; introduzca también el ajo pelado y unas ramitas de perejil.

A continuación, caliente el aceite en una sartén al fuego y viértalo hirviendo sobre la pularda. Introduzca en el horno, precalentado a temperatura alta, y cocine la pularda regándola frecuentemente con el fondo de cocción. Añada a la mitad de la cocción, las manzanas y continúe cocinando hasta que la pularda esté en su punto.

Por último, riegue con el vino, baje la temperatura del horno al mínimo y cocine unos minutos más antes de servir.

Lave y seque la pularda (1)
póngala en una fuente, únte
con la manteca mezclada co
sal, pimienta y canela (2), vier
por encima el aceite hirviend
(3), y ásela, añadiendo a mita
de la cocción las manzanas (4

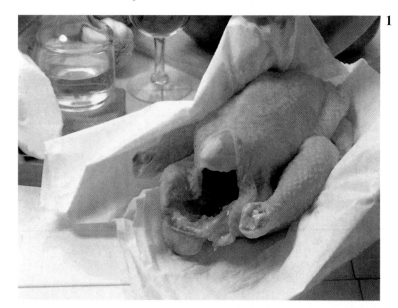

CHAUD FROID DE POLLO

Microondas: NO
Congelación: SI
Tiempo de elaboración: LARGO
Para 4 personas

1 pollo de 1 1/2 kgs.,
aproximadamente
Una rama de apio
1 cebolla, pequeña
1 zanahoria
Un manojito de perejil
8 hojas de cola de pescado
250 ml. de nata (crema) líquida
30 g. de harina (de trigo)
50 g. de mantequilla (manteca,
margarina)
1 trufa (criadilla de tierra)
3 l. de agua • Sal

Limpie y flamee el pollo; lávelo y cuézalo en los 3 litros de agua hirviendo ligeramente salada, junto con el apio, la zanahoria, la cebolla y el perejil.

Una vez cocido, deje que se enfríe en el caldo de cocción; retírelo, quítele con cuidado toda la piel y córtelo en ocho trozos del mismo tamaño.

A continuación, pase el caldo por un colador, vierta 1 litro en un cazo, reservando el resto, y deje que se maceren dentro las hojas de cola de pescado durante un buen rato. Una vez maceradas, ponga el cazo a fuego lento y, sin dejar de remover, con una cuchara de madera, haga que cueza; filtre y deje que se enfríe completamente hasta obtener una gelatina.

Derrita la mantequilla en un cazo, añada la harina, mezcle bien y remueva para que no salgan grumos; agregue a continuación 750 mililitros del caldo de pollo reservado, sin gelatina y muy caliente. Remueva y cueza durante 30 minutos más, sin remover. Pase la salsa obtenida por un colador, vuelva a ponerla al fuego y, cuando esté caliente, añada la mitad de la gelatina de pollo previamente preparada, haciendo que cueza y removiendo constantemente con una cuchara de madera. Prosiga la cocción durante unos 20 minutos, agregue poco a poco la nata líquida, dejando que cueza nuevamente y removiendo constantemente. Sale y deje que se enfríe la salsa removiendo con frecuencia para evitar que se forme una película en la superficie.

Corte en lonchas finas la trufa y repártalas cada una en moldes individuales; rellene con la gelatina de pollo e introduzca los moldes en el frigorífico.

Bañe los trozos de pollo en la salsa ya fría, colóquelos sobre un plato grande e introdúzcalos en el frigorífico, para que la salsa se cuaje bien. Repita la operación dos veces, como mínimo, decore cada trozo con una lámina de trufa y cúbralos con una cucharada más de salsa.

Deje que se enfríe completamente, elimine las posibles rebabas de salsa y pase los trozos de pollo a una fuente, rodeándolos con la gelatina, que habrá retirado de los moldes, picada en cuadraditos.

POLLO CON ACEITUNAS

Microondas: NO
Congelación: SI
Tiempo de elaboración: LARGO
Baja en calorías
Para 4 personas

1 pollo grande, ya limpio y
cortado en cuartos
2 cucharadas de aceite
2 cebollas grandes, cortadas en
aros

2 dientes de ajo, pelados y
machacados
400 g. de tomates (jitomates),
pelados y troceados
300 ml. de caldo de pollo
Un ramillete de hierbas
aromáticas
2 pimientos (pimentones) rojos,
sin corazón ni semillas
60 ml. de jerez
Sal y pimienta negra, recién
molida

Para adornar:
12 aceitunas (olivas) verdes,
rellenas, cortadas en rodajitas

Sazone el pollo con sal y pimienta, úntelo con un poco del aceite, póngalo sobre una parrilla y áselo, a fuego vivo. Retírelo de la parrilla y resérvelo al calor.

A continuación, caliente el aceite restante en una cazuela antiadherente al fuego, añada los ajos y las cebollas y deje que se rehoguen, hasta que estas últimas estén completamente transparentes.

Agregue los tomates, el caldo y el ramillete de hierbas aromáticas, sazone con sal y pimienta al gusto e incorpore el pollo; tape el recipiente y deje que cueza, a fuego lento, durante unos 30 minutos, o hasta que el pollo esté cocido. Retírelo de la cazuela y colóquelo en una fuente caliente.

Seguidamente, ase ligeramente los pimientos, quíteles las semillas y el corazón, córtelos en tiras y añádalos a la preparación (reservando unas tiritas para adornar); retire el ramillete de hierbas, pase el fondo de cocción por un pasapurés, añádale el jerez, rectifique la sazón, si fuera necesario, y mezcle bien todos los ingredientes.

Por último, ponga el pollo en una fuente de servir, vierta por encima la salsa recién preparada bien caliente y adorne con las rodajitas de aceitunas y las tiras de pimiento reservadas.

POLLO TANDOORI

Microondas: NO
Congelación: SI
Tiempo de elaboración: LARGO
Baja en calorías
Para 4 personas

4 pechugas de pollo,
deshuesadas y sin piel
1 cebolla, finamente picada
300 g. de yogur
1/2 cucharadita de jengibre
(cojatillo), molido
1/2 cucharadita de paprika
(color, pimentón picante)
1/2 cucharada de curry (carry)
en polvo
2 cucharadas de zumo (jugo) de
limón
La cáscara de 1/2 limón, rallada
1 diente de ajo, machacado
1 cucharadita de sal

Para acompañar:
Unas hojas de lechuga
Unas rodajas de pepino
(cohombro)
Unas cebolletas

Pinche las pechugas varias veces con un cuchillo y póngalas en un plato grande.

Mezcle en un cuenco la cebolla, el yogur, el jengibre, la paprika, el curry, el zumo y la cáscara de limón, el ajo y la sal, y extienda esta mezcla sobre las pechugas, introdúzcalas en el frigorífico y déjelas en adobo 24 horas.

Pasado este tiempo, coloque las pechugas sobre la rejilla del horno, poniendo debajo la placa.

Vierta sobre las pechugas el adobo que haya quedado en el plato, introduzca en el horno, precalentado a temperatura baja, durante una hora. Sírvalas sobre un lecho de lechuga y adornadas con cebolletas y rodajas de pepino.

Pollo tandoori
Pollo con aceitunas

PERDICES EN ESCABECHE

Microondas: NO

Congelación: SI

Tiempo de elaboración: LARGO

Para 4 personas

2 perdices grandes
2 cebollas, cortadas en trozos
grandes
4 dientes de ajo
500 ml. de vino blanco
250 ml. de vinagre
100 ml. de aceite
Una rama de tomillo
Una rama de perejil
2 hojas de laurel
Sal y pimienta

Limpie cuidadosamente las perdices y átelas con un poco de cuerda para que no pierdan la forma durante la cocción.

Caliente el aceite en una cazuela al fuego, añada las perdices y deje que se doren uniformemente.

A continuación, retire parte del aceite de la cazuela, conservando en la misma las perdices, agregue las cebollas, los dientes de ajo, el tomillo, el perejil y las hojas de laurel y deje que se rehogue todo junto durante unos 5 minutos.

Seguidamente, incorpore el vino y el vinagre, tape el recipiente y deje que cueza durante unos 10 minutos; vierta la cantidad de agua necesaria para cubrir por completo las perdices. Sazone con sal y pimienta al gusto y continúe la cocción, con el recipiente tapado, durante 1 1/2 horas más, aproximadamente.

Transcurrido el tiempo de cocción indicado, retire la cazuela del fuego y deje que las perdices se enfríen en su salsa.

Por último, retire las perdices de la cazuela, desátelas, trínchelas y páselas a una fuente; elimine el tomillo, el perejil y el laurel de la salsa, pásela por un pasapurés y viértala sobre las perdices.

Dore las perdices atadas en el aceite (1), añada las cebollas, los ajos, el laurel, el perejil y el tomillo (2), vierta por encima el vinagre y el vino (3) y cueza. Cuando las perdices estén tiernas, retírelas de la cazuela, desátelas y trínchelas (4).

PERDICES CON ESPARRAGOS

Microondas:	SI
Congelación:	SI
Tiempo de elaboración:	LARGO
Para 4 personas	

4 perdices
1 cucharada de manteca de
cerdo (grasa animal)
100 ml. de aceite
50 g. de jamón serrano (crudo),
finamente picado
500 ml. de caldo
4 dientes de ajo, finamente
picados
1 hoja de laurel
1 clavo de olor (de especias)
Una pizca de canela
6 granos de pimienta negra
Sal

Para adornar:
12 puntas de espárragos
trigueros cocidas
Unas tiras de pimiento
(pimentón) de lata

Para acompañar
Patatas (papas) fritas

Limpie cuidadosamente las perdices, lávelas, séquelas con papel absorbente y átelas con un poco de cuerda de cocina.

Caliente el aceite junto con la manteca en una sartén al fuego, añada las perdices y dórelas de manera uniforme. Retírelas con una espumadera, y póngalas en una cazuela de barro.

Seguidamente, fría en la grasa que ha quedado en la sartén el jamón, los ajos, el laurel y el clavo de olor y vierta este sofrito sobre las perdices; riéguelas con el caldo, y añada los granos de pimienta, la canela y sal; tape la cazuela con papel de aluminio, y deje que cueza, a fuego lento y removiendo de vez en cuando, con una cuchara de madera, hasta que las perdices estén cocidas y tiernas.

A continuación, retire las perdices de la cazuela, desátelas con cuidado para no deshacerlas, córtelas por la mitad y póngalas en una fuente de servir.

Por último, pase la salsa por un chino, póngala en un cacito al fuego, caliéntela bien y viértala sobre las perdices.

Sírvalas adornadas con los espárragos, formando manojitos de tres, atados con las tiras de pimiento y acompañadas de las patatas fritas.

Dore las perdices en el aceite caliente (1) y páselas a una cazuela de barro; fría en el mismo aceite los ajos, el jamón, el laurel y el clavo (2) y vierta este sofrito sobre las perdices. Añada los ingredientes restantes, tape con papel de aluminio (3) y cueza. Pase la salsa por un chino (4) y caliéntela antes de cubrir con ella las perdices.

3

GANSO RELLENO

Microondas: NO
Congelación: SI
Tiempo de elaboración: LARGO
Para 6-8 personas

1 ganso (auca, oca) de 4 kgs.
200 g. de higaditos de pollo
200 g. de bacon (panceta
ahumada, tocineta) en daditos
3 cebollas • 4 dientes de ajo
250 g. de champiñones
(callampas, hongos), en láminas
12 castañas • 1 hoja de laurel
200 g. de morcillas (morongas,
rellenas)

50 g. de manteca de cerdo (grasa
animal)
1 rama de tomillo
Sal y pimienta

Limpie el ganso, vacíelo reservando el hígado, lávelo bajo el chorro del agua fría y séquelo.
Prepare el relleno: limpie y lave los higaditos de pollo y el del ganso y píquelos. Escalde el bacon, escúrralo y séquelo.
Seguidamente, caliente la manteca en una sartén grande, añada los hígados y el bacon y deje que se rehoguen; retírelos y resérvelos; fría en la grasa que ha quedado en la sartén, primero las morcillas y a continuación, las cebollas y los ajos picados, retírelos antes de que tomen color y pele las morcillas. Incorpore a la sartén los champiñones y cocine hasta que se haya evaporado completamente el agua que sueltan.
Mezcle todos los ingredientes cocinados, sazone con sal y pimienta al gusto, añada las castañas, cocidas y peladas y rellene con este preparado el ganso; introduzca el laurel y el tomillo y cosa las aberturas para evitar que se salga el relleno durante la cocción.
Ponga el ganso en una rejilla, y ésta sobre una fuente refractaria e introduzca en el horno, precalentado a temperatura alta, y dándole vueltas frecuentemente para que se dore de manera uniforme.
Por último, baje la temperatura del horno y continúe la cocción calculando unos 15 minutos por cada 400 g. de ave, hasta que el ganso esté en su punto.

PAVA RELLENA Y ASADA

Microondas: NO
Congelación: SI
Tiempo de elaboración: LARGO
Para 6-8 personas

1 pava (guajalota) de 3 kgs.
250 g. de lomo (diezmillo,
solomillo, solomo) de cerdo
(cochino, chancho, lechón),
cortado en dados
8 salchichas frescas
100 g. de jamón serrano (crudo),
picado
250 g. de manteca de cerdo
(grasa animal)
250 ml. de vino tinto

150 g. de ciruelas pasas (secas)
remojadas y escurridas
100 g. de orejones (huesillos),
remojados y escurridos
50 g. de pasas (uvas pasas)
50 g. de piñones
100 g. de castañas, asadas y
peladas
1 trufa (criadilla de tierra)
1 manojo de hierbas (laurel,
tomillo, salvia, orégano)
250 ml. de caldo • Sal y pimient

Para adornar:
Unas hojas de lechuga
Unos gajos de tomate (jitomate

Limpie la pava, vacíela reservar
do el hígado, lávela bajo el chorr

POLLO AL PIMENTON

Microondas:	SI
Congelación:	SI
Tiempo de elaboración:	LARGO
Para 4 personas	

*1 pollo de 1 1/4 kgs.
aproximadamente
1 cucharadita de pimentón
(color, pimentón en polvo) dulce
100 ml. de nata (crema) líquida
2 cucharadas de aceite
40 g. de mantequilla (manteca,
margarina)
1 cebolla grande, finamente
picada
2 cucharadas de concentrado de
tomate (jitomate)
1 cucharada de maicena (fécula
de maíz, harina de maíz)
Sal y pimienta negra, molida*

Limpie el pollo y flaméelo; lávelo, séquelo y córtelo en trozos no demasiado grandes.

Sofría la cebolla, a fuego lento, en una cacerola con el aceite y la mantequilla, y en cuanto esté ligeramente dorada, añada el pimentón y el pollo. Rehogue todo durante unos 10 minutos, agregue el concentrado de tomate diluido en un poco de agua caliente, y salpimente al gusto. Tape el recipiente y deje cocer, a fuego medio, hasta que el pollo esté tierno, añadiendo, si fuera necesario, un poco de agua caliente durante la cocción. Retire los trozos de pollo y manténgalos al calor.

Seguidamente, disuelva en un cuenco la cucharada de maicena con la nata líquida e incorpórela al fondo de cocción que ha quedado en la cazuela, removiendo constantemente con una cuchara de madera hasta obtener una salsa espesa y homogénea.

Por último, coloque los trozos de pollo en una fuente previamente calentada, cúbralos con su salsa y sírvalos enseguida.

PERDICES EN CAZUELA

Microondas:	NO
Congelación:	SI
Tiempo de elaboración:	LARGO
Para 4 personas	

*2 perdices grandes (o 4
pequeñas)
50 g. de mantequilla (manteca,
margarina)
2 cucharadas de harina (de
trigo)
250 ml. de nata (crema) líquida
175 ml. de leche
100 ml. de brandy (cognac)
8 rebanadas de pan fritas en
aceite de oliva
Sal y pimienta negra, molida*

Limpie las perdices, vacíelas y flaméelas; lávelas bien bajo el chorro del agua fría, séquelas con papel absorbente de cocina y córtelas en cuartos. A continuación, derrita la mantequilla en una cazuela al fuego, cuando esté caliente, incorpore los cuartos de perdices, enharinados y deje que se doren de manera uniforme.

Seguidamente, caliente el brandy en un cacito al fuego, viértalo sobre las perdices y préndalo fuego; cuando las llamas se hayan consumido, incorpore la leche y la nata y sazone con sal y pimienta recién molida, al gusto; remueva, tape el recipiente y deje que cuezan, a fuego muy lento, hasta que las perdices estén cocidas.

Por último, coloque las perdices sobre una fuente, distribuya alrededor las rebanadas de pan frito y sírvalas enseguida muy calientes.

el agua fría y séquela con papel absorbente de cocina.

repare el relleno: caliente una tercera parte de la manteca de cerdo en una sartén, añada el lomo, el jamón y el hígado de la pava, picado, las ciruelas, los orejones, las pasas, los piñones, la trufa, en cuadritos y las castañas, rehogue ligeramente e incorpore las salchichas picadas; salpimente al gusto, riegue con el vino tinto y deje que cueza, removiendo constantemente con una cuchara de madera; retire la preparación del fuego y deje que se enfríe.

rellene la pava con la mezcla ya completamente fría, cosa las aberturas con un poco de hilo para evitar que el relleno se salga y átela de manera que no pierda la forma durante la cocción.

Seguidamente, unte de manera uniforme la pava con la manteca restante y espolvoréela ligeramente con sal; colóquela en una fuente refractaria, ponga al lado el manojo de hierbas, introduzca en el horno, previamente calentado a temperatura media, y cocine hasta que esté tierna, regándola frecuentemente con su fondo de cocción y con el caldo y dándola vueltas de vez en cuando.

Por último, desate la pava y colóquela en una fuente sobre las hojas de lechuga, bien limpias y secas, y los gajos de tomate.

PATE A LA PIMIENTA VERDE

Microondas:	SI
Congelación:	SI
Tiempo de elaboración:	LARGO
Para 4 personas	

300 g. de higaditos de pollo
8 granos de pimienta verde
1 cebolla pequeña
1 hoja de laurel
1 cucharada de mantequilla
(manteca, margarina)
2 cucharadas de brandy
(cognac)

100 ml. de nata (crema) líquida
Sal

Para la terminación:
Unos granos de pimienta verde
2 hojas de laurel
200 ml. de gelatina (preparada
siguiendo las instrucciones del
fabricante)

Ponga los higaditos, bien lavados y escurridos en un cuenco, añada los granos de pimienta, machacados y sal, vierta por encima el brandy y déjelos en maceración durante 1 hora.

Derrita la mantequilla en una sartén, añada la cebolla y deje que se rehogue hasta que esté transparente; incorpore los higaditos y el laurel, y saltéelos, removiendo, durante unos 10 minutos.

Pase todo por la batidora eléctrica, añadiendo la nata, vierta el paté obtenido en una terrina, alise la superficie, y deje que se enfríe completamente.

Por último, adorne la superficie con los granos de pimienta y las hojas de laurel, vierta por encima la gelatina y deje que se solidifique antes de servir.

Ponga los higaditos en u
cuenco con sal, y los gran
de pimienta machacado
vierta por encima el bran
(1) y déjelos en maceració
Rehogue la cebolla en u
sartén al fuego con
mantequilla caliente, aña
los higaditos y saltéelos (2
páselos junto con la nata p
la batidora eléctrica
viértalos en una terrina (3
adorne la superficie con l
granos de pimienta y las hoj
de laurel y cubra con
gelatina (4

POLLO AL LAUREL

Microondas: SI

Congelación: SI

Tiempo de elaboración: LARGO

Para 4 personas

1 pollo de aproximadamente 1 kg. de peso
4 dientes de ajo, finamente picados
3 hojas de laurel
2 cucharadas de aceite
1 cucharadita de pimentón (color, pimentón en polvo) dulce
Sal
Pimienta molida

Para acompañar:
Patatas (papas) fritas
Tomatitos de jardín

Limpie cuidadosamente el pollo, lávelo bien bajo el chorro del agua fría y séquelo con papel absorbente de cocina.

A continuación, separe la piel de la carne, introduciendo primero un cuchillo y después las manos, teniendo mucho cuidado para no romper la piel.

Seguidamente, ponga los ajos en un platito y mézclelos con el pimentón, las hojas de laurel desmenuzadas y sal y pimienta moli-da al gusto; introduzca dos terceras partes de esta mezcla repartida entre la piel y la carne del pollo y la restante en el interior, cierre la abertura con un palillo y unte el pollo con el aceite.

Coloque sobre el fondo de un recipiente grande un plato invertido, ponga encima el pollo e introduzca en el horno, precalentado, durante una hora, aproximadamente, hasta que esté dorado y crujiente.

Por último, deje reposar el pollo, dentro del horno, durante 5 minutos y sírvalo acompañado de las patatas y los tomatitos.

Limpie el pollo, lávelo, y separ *la piel de la carne (1). Mezcle e* *un cuenco los ajos picados, e* *laurel, el pimentón (2), sal* *pimienta e introduzca est* *mezcla entre la piel y la carn* *del pollo (3) y en su interior* *Coloque un plato invertido en e* *fondo de un recipiente de crista* *ponga encima el pollo y cierr* *bien la abertura del mismo (4)*

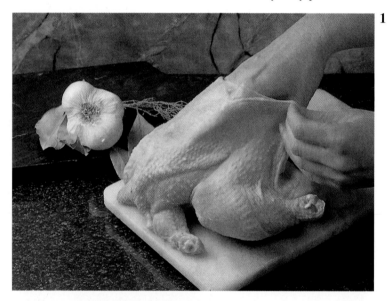

1

3

Postres

Los postres son el complemento natural de una comida, tanto si se trata de una ocasión especial, como del «día a día». Aunque se suele identificar la palabra «postre» con «engorde», no tiene que ser así necesariamente.

Hay gran variedad de recetas con un aporte calórico limitado y que, sin embargo, contribuyen a que la comida sea completa, porque contienen vitaminas, hidratos de carbono o fibra.

Existe una cierta aversión, en la actualidad, a la utilización excesiva de azúcar en la dieta.

Esto puede evitarse, sustituyéndola en muchos casos por miel, fructosa o edulcorantes artificiales.

De todas maneras, la utilización del azúcar en forma moderada, no debe considerarse perjudicial, sino aconsejable para el aporte energético que necesitamos, salvo en el caso de alguna enfermedad, como la diabetes. Además del azúcar, que es uno de los ingredientes más utilizados en los postres, cabe destacar otros, como los huevos, la fruta, la mantequilla, el requesón, la gelatina, almíbares y jarabes...

Todos ellos tienen unas características especiales que conviene conocer a la hora de cocinar, para obtener unos platos con el sabor y el color deseados, y que detallaremos en las páginas siguientes.

COCAS DE SAN JUAN

Microondas: NO

Congelación: SI

Tiempo de elaboración: LARGO

Para 4 personas

500 g. de harina (de trigo)
75 g. de azúcar
2 huevos
50 g. de manteca de cerdo (grasa animal)
50 g. de mantequilla (manteca, margarina)
50 ml. de leche
Una nuez de levadura fresca
La ralladura de 1 limón
1/2 cucharadita de anises molidos
1/2 cucharadita de canela en polvo (molida)
150 g. de cerezas (guindas, picotas) confitadas (secas)
50 g. de piñones
100 g. de frutas confitadas (secas)

Prepare la masa: vierta la mitad de la harina en un cuenco; déle forma de volcán y agregue los huevos, la manteca, la mantequilla, 2/3 partes del azúcar, los anises, la ralladura de limón y la canela. Trabaje con las puntas de los dedos hasta obtener una masa blanda y homogénea.

Vierta en otro cuenco la harina restante. Incorpórele la levadura, previamente disuelta en la leche caliente, y trabaje hasta que la masa esté homogénea.

Haga con ella una bola, póngala en un cuenco, tápela con una servilleta y déjala reposar en un lugar templado hasta que aumente al doble de su volumen.

A continuación, mezcle las dos masas, trabájelas con las manos y cuando resulte homogénea, divídala de nuevo en dos y extienda ambas partes con un rodillo. Déles una forma ovalada y páselas a una fuente de horno, previamente engrasada.

Pincele la superficie de las cocas con agua y distribuya las frutas confitadas, picadas, decorándolas a su gusto. Rellene los espacios libres con piñones, presionándolos ligeramente para que queden adheridos y tape las cocas con un paño, dejándolas reposar durante 2 horas hasta que aumenten de volumen.

Por último, espolvoréelas con el azúcar restante e introdúzcalas en el horno, previamente calentado a temperatura media-alta, durante 20-25 minutos, hasta que los bor-

des presenten un buen color dora do. Retírelas del horno, colóque las sobre una rejilla, y déjelas en friar totalmente, antes de servir.

Vierta la mitad de la harina junto con todos los ingredientes restantes y amase (1). En otro cuenco trabaje la harina restante con la levadura disuelta en la leche caliente (2). Mezcle las dos masas (3) y forme las dos cocas. Distribuya sobre la superficie las frutas confitadas y rellene los huecos con los piñones (4), presionándolos ligeramente para que se adhieran.

1

3

SANDWICHES DE CHOCOLATE Y MENTA

Microondas:	SI
Congelación:	SI
Tiempo de elaboración:	LARGO
Para 6 personas	

*5 cucharadas de mantequilla
(manteca, margarina)
45 g. de chocolate fondant
100 g. de cacao (cocoa)
2 yemas de huevo
150 g. de azúcar
2 cucharadas de café soluble
2 cucharadas de agua
150 ml. de nata (crema) líquida*

*Para las hojaldrillas:
150 g. de chocolate fondant*

*Para la crema inglesa:
350 ml. de leche
90 g. de azúcar
2 yemas de huevo
1/2 cucharadita de maicena
(fécula de maíz, harina de maíz)
Una pizca de mantequilla
(manteca, margarina)
Unas gotas de extracto de
vainilla
1 cucharada de licor de menta
(hierbabuena, yerbabuena)*

Caliente la mantequilla, el chocolate y el cacao en un cazo al baño María, hasta que el chocolate se derrita y se forme una mezcla suave y homogénea.
Bata las yemas junto con el azúcar con ayuda de la batidora eléctrica, hasta que se forme una crema espesa. Añada el café soluble disuelto en el agua, mezcle e incorpore el chocolate caliente.
Continúe batiendo y añada la nata, previamente montada. Vierta todo en un cuenco de cristal y deje enfriar en el frigorífico durante 2 horas.
Prepare las hojaldrillas: derrita el chocolate al baño María, y déjelo enfriar ligeramente. Viértalo sobre una bandeja, forrada con pa-

pel vegetal, engrasado uniformemente con un poco de mantequilla, y extiéndalo con una espátula, procurando que quede liso y del mismo grosor. Déjelo solidificar ligeramente en un lugar fresco, pero no en el frigorífico, y cuando casi esté sólido, corte 12 cuadrados iguales, con un cuchillo afilado. Deje reposar hasta que se endurezca totalmente. Derrita los recortes de chocolate sobrante, y manténgalo caliente.
Mientras tanto, prepare la crema inglesa: hierva la leche en un cazo al fuego junto con la mitad del azúcar y el licor de menta. Bata las yemas junto con el azúcar restante y la maicena, añádales la leche caliente, sin dejar de batir y ponga de nuevo al fuego, removiendo sin cesar, hasta que espese. Retire del fuego y agregue la mantequilla y el extracto de vainilla, mezclando bien.
Por último, vierta en cada plato un poco de crema inglesa, decórela con el chocolate derretido y ponga sobre la crema, un cuadrado de chocolate. Cúbralo con la mousse de chocolate y nata preparada, y termine con otro cuadrado de chocolate.

1

Derrita el chocolate a baño María y viértalo sobre una bandeja (1), previamente forrada y engrasada. Extiéndalo con una espátula (2) formando un rectángulo, y déjelo enfriar. Vierta un poco de crema inglesa en cada plato (3), forme círculos con el chocolate derretido (4), y haga dibujitos con ayuda de un palillo (5).

2

3

4

5

FILLOAS CON CREMA PASTELERA

Microondas: NO

Congelación: SI

Tiempo de elaboración: MEDIO

Para 14-16 filloas

Para la pasta:
250 g. de harina (de trigo)
3 huevos • 500 ml. de leche
50 g. de mantequilla (manteca, margarina)
1 cucharadita de azúcar
Una pizca de sal

Para la crema pastelera:
500 ml. de leche
100 g. de azúcar
4 yemas de huevo
50 g. de harina (de trigo)
La cáscara de 1/2 limón
1 palito (rajita) de canela

Para la terminación:
1 cucharada de azúcar glass
(impalpable, glacé, en polvo)

Prepare la pasta: derrita lentamente la mantequilla en un cacito, retire del fuego y déjela enfriar ligeramente.

Ponga en un cuenco la harina tamizada con el azúcar y la sal, déles forma de volcán y ponga en el hueco central, los huevos, la mantequilla derretida y 3 ó 4 cucharadas de leche. Mezcle los ingredientes con ayuda de un batidor de varillas metálicas y agregue, poco a poco y sin dejar de remover, la leche restante, hasta obtener una mezcla muy homogénea. Déjela reposar en el frigorífico durante 1 hora.

Mientras tanto, prepare la crema pastelera: ponga a hervir la leche en un cazo con la cáscara de limón y la canela. En un cuenco, trabaje las yemas con el azúcar, mezclando con un batidor de varillas; agregue, poco a poco, la harina, tamizada, y continúe re-

moviendo hasta que los ingredientes estén bien integrados. Incorpore, muy lentamente, la leche hirviendo (previamente colada) mezclando continuamente, para que el preparado esté homogéneo y no se formen grumos.

Vierta la mezcla en un cazo y póngalo a fuego bajo dejando que hierva, sin dejar de remover, durante 7-8 minutos. Retire el cazo del fuego y déjela enfriar.

Prepare las filloas: ponga al fuego una sartén pequeña ligeramente engrasada con aceite o mantequilla y vierta un cucharón pequeño de la pasta preparada; incline la sartén para que la pasta se extienda bien por el fondo. Cuando esté ligeramente dorada por ese lado, déle la vuelta para dorarla por el otro, engrasando de nuevo la sartén. Coloque la filloa en un plato y repita la operación hasta agotar la pasta.

Rellene cada filloa con unas cucharadas de la crema pastelera preparada, dóblelas hacia el centro dándoles forma de un canutillo, y vaya colocándolas en una fuente de servir, o en platos individuales. Espolvoréelas con el azúcar glass, pasándolo a través de un colador, y adórnelas, si lo desea, con una guinda.

1

2

Bata las yemas con el azúcar (1); agregue, poco a poco, la harina (2) y cocine la mezcla hasta que espese. Con la pasta de las filloas reposada, vierta un cucharón pequeño en la sartén engrasada (3) y cuando la filloa esté dorada déle la vuelta (4) para que se dore por el otro lado.

3

4

MELON RELLENO

Microondas: NO

Congelación: SI

Tiempo de elaboración: MEDIO

Para 4 personas

1 melón
1 sobre de gelatina de limón
disuelto en 200 ml. de agua
caliente
100 g. de uvas, sin semillas,
cortadas por la mitad
1 manzana, pelada y picada
50 g. de frambuesas (moras)
Azúcar al gusto

Mezcle todas las frutas, excepto el melón, añádales el azúcar y déjelas macerar durante 30 minutos. A continuación, abra el melón por un lado y extraiga todas las semillas y parte de la pulpa; píquela y mézclela con el resto de las frutas.

Seguidamente, llene el melón con las frutas y vierta en su interior la gelatina; tape el melón, envuélvalo en una hoja de papel de aluminio e introdúzcalo durante 24 horas en el frigorífico.

Por último, córtelo en rebanadas gruesas y sírvalo.

Mezcle las frutas, añádales el azúcar (1) y déjelas macerar. Abra el melón, retire las semillas (2) y parte de la pulpa, píquela y añádala a las frutas. Rellene el melón con la mezcla, vierta en su interior la gelatina (3), tápelo y envuélvalo en una hoja de papel de aluminio (4).

TORTAS DE PLATANO

Microondas: NO
Congelación: SI (sin la miel)
Tiempo de elaboración: LARGO
Para 4-6 personas

4 plátanos (bananas, bananos, cambures), no muy maduros
El zumo (jugo) de 1 limón
500 g. de harina (de trigo)
3 huevos batidos • 1 copa de anís
100 g. de azúcar • Aceite
1 cucharadita de canela en polvo (molida)

Para la terminación:
100 g. de miel

Pele los plátanos. Caliente agua en una cazuela al fuego, cuando comience la ebullición, incorpore los plátanos y deje que den un hervor. Retírelos con una espumadera, escúrralos, y séquelos con papel absorbente de cocina. Seguidamente, póngalos en un plato y píquelos finamente. Riéguelos con el zumo de limón, mezcle y páselos a un cuenco.
A continuación, añada a la mezcla de plátanos, la harina, los huevos, el azúcar, la canela y la copa de anís, remueva bien hasta obtener una mezcla homogénea y forme con la pasta obtenida unas tortas no demasiado grandes.

Caliente abundante aceite en una sartén al fuego y fría las tortas de plátano, hasta que estén bien doradas. Retírelas con una espumadera y póngalas sobre papel absorbente de cocina, para eliminar el exceso de grasa.
Por último, páselas a una fuente de servir y riéguelas con la miel.

Dé un hervor a los plátanos (1), escúrralos y píquelos (2). Mezcle los plátanos picados con la harina, los huevos, el azúcar, la canela y el anís (3) y forme las tortitas (4).

1

2

3

4

CUAJADO DE COCO

Microondas: SI

Congelación: SI

Tiempo de elaboración: LARGO

Para 6 personas

500 ml. de leche
150 g. de azúcar
250 g. de coco rallado
1 copa de anís
20 g. de gelatina en polvo, sin sabor

Para la salsa:
150 g. de mermelada (confitura, dulce) de frambuesas (moras)
El zumo (jugo) de 1/2 limón
2 cucharadas de agua

Ponga 200 gramos de coco en un cuenco y cúbralo con agua fría, dejándolo reposar durante unos 30 minutos.

A continuación, cuele el coco, vuelva a ponerlo en el cuenco y vierta sobre él la leche, previamente calentada.

Disuelva la gelatina en 2 cucharadas de leche caliente y añádala al coco, junto con el azúcar y el anís, mezclando muy bien con una cuchara de madera.

Ponga el coco en un cuenco y cúbralo con agua (1). Incorpore el azúcar (2) a la mezcla de coco y leche, remueva bien y vierta el preparado en el molde (3). Por último, sirva el cuajado adornado con la salsa (4) y el coco tostado.

Seguidamente, moje con agua fría el interior de un molde de corona y vierta en él el preparado anterior. Introdúzcalo en el frigorífico y déjelo cuajar durante 5 horas.

Mientras tanto, prepare la salsa mezclando todos los ingredientes de la misma, y tueste el coco restante, en una sartén al fuego o en el horno.

Por último, retire el cuajado del frigorífico, desmóldelo y sírvalo adornado con la salsa y el coco tostado.

Índice general

Salsas

Postres

Diccionario de términos culinarios

A

Abadejo = bacalao, curadillo
Abatí = guate, maíz, mijo
Aceituna = oliva
Achuras = asadura
Adobo = aliño, condimento
Aguacate = palta, panudo, sute
Ají = chile, guindilla
Ajo puerro = poro, porro, puerro
Albaricoque = chabacano, damasco,
  prisco
Albóndiga = albondiguilla,
  almóndiga
Albondiguilla = albóndiga,
  almóndiga
Alcachofa = alcaucil
Alcaparra = alcaparro, tápara
Alcaparro = alcaparra, tápara
Alcaucil = alcachofa
Alcohela = endibia, escarola
Alfóncigo = pistache, pistacho
Aliño = adobo, condimento
Almendra garrapiñada = praliné
Almohadilla = empanada,
  empanadilla
Almóndiga = albóndiga,
  albondiguilla
Almorabú = amáraco, mejorana
Alubia = frijol, habichuela, judía
  blanca, poroto
Amáraco = almorabú, mejorana
Amareti = macarrón, mostachón
Amiésgado = fraga, fresa, frutilla,
  metra
Ananá = piña
Anchoa = anchoveta, boquerón
Anchoveta = anchoa, boquerón
Anguila = anguilla, angula
Anguilo = congrio, charquecillo,
  negrilla, varga
Anguilla = anguila, angula
Angula = anguila, anguilla
Añojo = mamón, novilla, ternera

Arenque = tabal
Arveja = chícharo, guisante
Asadura = achuras
Auca = ganso, oca
Azafrán = camotillo, cúrcuma,
  yuquillo
Azúcar en polvo = impalpable, glacé,
  glass
Azúcar glacé = en polvo, impalpable,
  glass
Azúcar glass = en polvo, impalpable,
  glacé
Azúcar impalpable = en polvo, glacé,
  glass
Azúcar moreno = azúcar negro
Azúcar negro = azúcar moreno
Azucarillos = bolados

B

Bacalao = abadejo, curadillo
Bacon = panceta ahumada, tocineta
Balsamita = berro, mastuerzo
Banana = banano, cambur, plátano
Banano = banana, cambur, plátano
Barbo = pargo rojo, rubio, salmonete,
  trilla
Batata = boniato, camote, papa dulce
Bechamel = besamel, salsa blanca
Berberecho = chipi-chipi
Berro = balsamita, mastuerzo
Besamel = bechamel, salsa blanca
Besugo = brusco, castañeta,
  papamosca
Betabel = beterraga, remolacha
Beterraga = betabel, remolacha
Bife = bistec, churrasco, filete
Biscote = bizcocho, bizcochuelo
Bistec = bife, churrasco, filete
Biza = bonito
Bizcocho = biscote, bizcochuelo
Bizcocho de soletilla = soleta
Bizcochuelo = biscote, bizcoche
Bolados = azucarillos

Boniato = batata, camote, papa dulce
Bonito = biza
Boquerón = anchoa, anchoveta
Brandy = cognac
Brecolera = brócul, coliflor
Breva = higo, tuna
Brócul = brecolera, coliflor
Brusco = besugo, castañeta,
  papamosca
Budín = cake, queic
Buey = res, vaca

C

Cabezudo = capitón, galúa, lisa,
  mujol
Cabrito = chivito
Cacahuate = cacahuete, cacahuey,
  maní
Cacahuey = cacahuate, cacahuete,
  maní
Cacao = cocoa
Cake = budín, queic
Calabacín = calabacita, hoco,
  zapallito
Calabaza = zapallo
Calamar = chipirón, jibión, lula
Callampa = champiñón, hongo
Callos = mondongo, tripa
Cámaro = camarón, chacalín, esguila
Camarón = cámaro, chacalín, esguila
Cambur = banana, banano, plátano
Camote = batata, boniato, papa dulce
Camotillo = azafrán, cúrcuma,
  yuquillo
Canela en polvo = canela molida
Capitón = cabezudo, galúa, lista,
  mujol
Caracú = tuétano
Carne de vaca salada y curada =
  cecina
Carne rebozada = escalope, milanesa
Carré de cerdo = cinta de lomo
Carry = curry

Casis = grosella
Castañeta = besugo, brusco, papamosca
Cebollas de verdeo = cebollinos
Cebollín = chalota, echalote, escalonia
Cebollinos = cebollas de verdeo
Cecina = carne de vaca salada y curada
Cerafolio = perifollo
Cerdo = cochino, chancho, lechón
Cereza = guinda, picota
Cérvido = corcino, corzo
Chabacano = albaricoque, damasco, prisco
Chacalín = cámaro, camarón, esguila
Chalota = cebollín, echalote, escalonia
Champiñón = callampa, hongo
Chancho = cerdo, cochino, lechón
Charquecillo = anguilo, congrio, negrilla, varga
Chaucha = ejote, judía verde, perona, poroto verde
Cherna = mero
Chícharo = arveja, guisante
Chicharro = jurel
Chile = ají, guindilla
Chipi-chipi = berberecho
Chipirón = calamar, jibión, lula
Chirimoya = guanábana
Chivito = cabrito
Choclo = elote, maíz tierno
Cholgua = choro, mejillón
Choro = cholgua, mejillón
Chuleta = costilla, palo
Chunio = natillas
Churrasco = bife, bistec, filete
Cilantro = coriandro, culantro
Cinta de lomo = carré de cerdo
Ciruelas pasas = ciruelas secas
Ciruelas secas = ciruelas pasas
Clavo de especias = clavo de olor
Clavo de olor = clavo de especias
Clementina = mandarina
Coalla = codorniz, colín, Cocido = olla, puchero
Cocoa = cacao
Cochino = cerdo, chancho, lechón
Codorniz = coalla, colín
Cognac = brandy
Cohombro = pepino

Cojatillo = jengibre
Col = repollo
Col morada = lombarda
Coles de Bruselas = repollitos de Bruselas
Coliflor = brecolera, brócul
Colín = coalla, codorniz
Colita = rabo
Color = páprika, pimentón en polvo, dulce y picante
Condimento = adobo, aliño
Confitura = dulce, mermelada
Congrio = anguilo, charquecillo, negrilla, varga
Corcino = cérvido, corzo
Coriandro = cilantro, culantro
Corvina = merluza, pescada
Corzo = cérvido, corcino
Costilla = chuleta, palo
Costrones de pan = rebanadas de pan frito
Coyocho = naba, nabo
Crema de leche = nata
Crema líquida = nata líquida
Crepa = crêpe, panqueque
Crêpe = crepa, panqueque
Criadilla de tierra = trufa
Culantro = cilantro, coriandro
Curadillo = abadejo, bacalao
Cúrcuma = azafrán, camotillo, yuquillo
Curry = carry

D

Damasco = albaricoque, chabacano, prisco
Despojos = menudencias, menudillos, menuditos, menudos
Diezmillo = lomo, solomillo, solomo
Doiche = hamburguesa
Dragoncillo = estragón
Dulce = confitura, mermelada
Durazno = melocotón

E

Echalote = cebollín, chalota, escalonia
Ejote = chaucha, judía verde, perona, poroto verde
Elote = choclo, maíz tierno

Empanada = almohadilla, empanadilla
Empanadilla = almohadilla, empanada
Endibia = alcohela, escarola
Enebro = junípero, grojo
Escalonia = cebollín, chalota, echalote
Escalope = carne rebozada, milanesa
Escarola = alcohela, endibia
Esguila = cámaro, camarón, chacalín
Espaguetis = fideos, tallarines
Estragón = dragoncillo

F

Fabas = habas
Fécula de maíz = harina de maíz, maicena
Feta = loncha, lonja
Fideos = espaguetis, tallarines
Filete = bife, bistec, churrasco
Finojo = finoquio, hinojo
Finoquio = finojo, hinojo
Fraga = amiésgado, fresa, frutilla, metra
Frambuesa = mora
Fresa = amiésgado, fraga, frutilla, metra
Frijol = alubia, habichuela, judía blanca, poroto
Fruta abrillantada = fruta cristalizada
Fruta confitada = fruta seca
Fruta cristalizada = fruta abrillantada
Fruta seca = fruta confitada
Frutilla = amiésgado, fraga, fresa, metra

G

Galúa = cabezudo, capitón, lisa, mujol
Gamba = langostino pequeño
Ganso = auca, oca
Garbanzo = teniente
Girasol = mirasol
Grasa animal = manteca de cerdo
Grojo = enebro, junípero
Grosella = casis
Guajalote = pavo

Guanábana = chirimoya
Guate = abatí, maíz, mijo
Guinda = cereza, picota
Guindilla = ají, chile
Guisante = arveja, chícharo
Guiso = potaje

H

Habas = fabas
Habichuela = alubia, frijol, judía blanca, poroto
Hamburguesa = doiche
Harina = harina de trigo
Harina de maíz = fécula de maíz, maicena
Harina de trigo = harina
Harina sin refinar = sémola
Helado = nieve, sorbete
Hierbabuena = menta fresca, yerbabuena
Higo = breva, tuna
Hinojo = finojo, finoquio
Hoco = calabacín, calabacita, zapallito
Hojaldre = milhoja
Hongo = callampa, champiñón
Huesillo = orejón

J

Jamón cocido = jamón de York
Jamón crudo = jamón serrano
Jamón de York = jamón cocido
Jamón serrano = jamón crudo
Jengibre = cojatillo
Jibia = sepia
Jibión = calamar, chipirón, lula
Jitomate = tomate
Judía blanca = alubia, frijol, habichuela, poroto
Judía verde = chaucha, ejote, perona, poroto verde
Jugo = zumo
Junípero = enebro, grojo
Jurel = chicharro

L

Langostino pequeño = gamba
Lanteja = lenteja
Lechón = cerdo, cochino, chancho

Lenguado = suela
Lenteja = lanteja
Levadura en polvo = polvo de hornear
Lisa = cabezudo, capitón, galúa, mujol
Lombarda = col morada
Lomo = diezmillo, solomillo, solomo
Loncha = feta, lonja
Lubina = róbalo, sama
Lula = calamar, chipirón, jibión

M

Macarrón = amareti, mostachón
Macís = nuez moscada
Maicena = fécula de maíz, harina de maíz
Maíz = abatí, guate, mijo
Maíz tierno = choclo, elote
Mamón = añojo, novilla, ternera
Mamón = papaya
Mandarina = clementina
Mandioca = tapioca, yuca
Maní = cacahuate, cacahuete, cacahuey
Manteca = mantequilla, margarina
Manteca de cerdo = grasa animal
Mantequilla = manteca, margarina
Margarina = manteca, mantequilla
Mastuerzo = balsamita, berro
Mazorca = panocha
Mejillón = cholgua, choro
Mejorana = almorabú, amáraco
Melocotón = durazno
Menta fresca = hierbabuena, yerbabuena
Menudencias = despojos, menudillos, menuditos, menudos
Menudillos = despojos, menudencias, menuditos, menudos
Menuditos = despojos, menudencias, menudillos, menudos
Menudos = despojos, menudencias, menudillos, menuditos
Merluza = corvina, pescada
Mermelada = confitura, dulce
Mero = cherna
Metra = amiésgado, fraga, fresa, frutilla
Mijo = abatí, guate, maíz
Milanesa = carne rebozada, escalope

Milhoja = hojaldre
Mirasol = girasol
Mondongo = callos, tripa
Mora = frambuesa
Morcilla = moronga, rellena
Moronga = morcilla, rellena
Mostachón = amareti, macarrón
Mozzarella = musarela
Mujol = cabezudo, capitón, galúa, lisa
Musarela = mozzarella

N

Naba = nabo, coyocho
Nabo = naba, coyocho
Nata = crema de leche
Nata líquida = crema líquida
Natillas = chunio
Negrilla = anguilo, congrio, charquecillo, varga
Nieve = helado, sorbete
Níscalo = robellón, seta
Novilla = añojo, mamón, ternera
Nuez moscada = macís

Ñ

Ñora = pimentón seco

O

Oca = auca, ganso
Oliva = aceituna
Olla = cocido, puchero
Orejón = huesillo

P

Paleta = paletilla
Paletilla = paleta
Palito de canela = rajita de canela
Palo = costilla, chuleta
Palta = aguacate, panudo, sute
Pamplemusa = pomelo, toronja
Pan integral = pan negro
Pan negro = pan integral
Panceta = tocino
Panceta ahumada = bacon, tocineta
Panocha = mazorca
Panqueque = crepa, crêpe
Panudo = aguacate, palta, sute

Papa = patata
Papa dulce = batata, boniato, camote
Papamosca = besugo, brusco, castañeta
Papaya = mamón
Páprika = color, pimentón picante
Pargo rojo = barbo, rubio, salmonete, trilla
Pasas = uvas pasas
Patata = papa
Pavo = guajalote
Pejesapo = rape
Pepino = cohombro
Perifollo = cerafolio
Perona = chaucha, ejote, judía verde, poroto verde
Pescada = corvina, merluza
Pez espada = pez sierra
Pez sierra = pez espada
Picota = cereza, guinda
Pimentón = color, pimentón en polvo
Pimentón = pimiento
Pimentón en polvo = color, pimentón
Pimentón picante = color, páprika
Pimentón seco = ñora
Pimiento = pimentón
Piña = ananá
Pistache = alfóncigo, pistacho
Pistacho = alfóncigo, pistache
Plátano = banana, banano, cambur
Pocillo de café = taza de café
Polvo de hornear = levadura en polvo
Pomelo = pamplemusa, toronja
Poro = ajo puerro, porro, puerro
Poroto = alubia, frijol, habichuela, judía blanca
Poroto verde = chaucha, ejote, judía verde, perona
Porro = ajo puerro, poro, puerro
Potaje = guiso
Praliné = almendra garrapiñada
Prisco = albaricoque, chabacano, damasco
Puchero = cocido, olla
Puerro = ajo puerro, poro, porro
Pulpo = raña

Q

Queic = budín, cake
Quesillo = requesón, ricota

Queso de rallar = queso parmesano
Queso parmesano = queso de rallar

R

Rabanito = rábano
Rábano = rabanito
Rabo = colita
Rajita de canela = palito de canela
Raña = pulpo
Rape = pejesapo
Ravioles = raviolis
Raviolis = ravioles
Rebanadas de pan frito = costrones de pan
Rellena = morcilla, moronga
Remolacha = betabel, beterraga
Repollitos de Bruselas = coles de Bruselas
Repollo = col
Requesón = quesillo, ricota
Res = buey, vaca
Ricota = quesillo, requesón
Róbalo = lubina, sama
Robellón = níscalo, seta
Rodaballo = turbot
Rubio = barbo, pargo rojo, salmonete, trilla

S

Salame = salami, salchichón
Salami = salame, salchichón
Salchicha = salchicha fresca
Salchicha de Frankfurt = salchicha de Viena
Salchicha de Viena = salchicha de Frankfurt
Salchicha fresca = salchicha
Salchichón = salame, salami
Salmonete = barbo, pargo rojo, rubio, trilla
Salsa blanca = bechamel, besamel
Sama = lubina, róbalo
Sémola = harina sin refinar
Sepia = jibia
Seta = níscalo, robellón
Soja = soya
Soleta = bizcocho de soletilla
Solomillo = diezmillo, lomo, solomo
Solomo = diezmillo, lomo, solomillo

Sorbete = helado, nieve
Soya = soja
Suela = lenguado
Sute = aguacate, palta, panudo

T

Tabal = arenque
Tallarines = espaguetis, fideos
Tápara = alcaparra, alcaparro
Tapioca = mandioca, yuca
Tarta = torta
Taza de café = pocillo de café
Teniente = garbanzo
Ternera = añojo, mamón, novilla
Tocineta = bacon, panceta ahumada
Tocino = panceta
Tomate = jitomate
Toronja = pamplemusa, pomelo
Torta = tarta
Trilla = barbo, pargo rojo, rubio, salmonete
Tripa = callos, mondongo
Trufa = criadilla de tierra
Tuétano = caracú
Tuna = breva, hígado
Turbot = rodaballo

U

Uvas pasas = pasas

V

Vaca = buey, res
Varga = anguilo, congrio, charquecillo, negrilla

Y

Yerbabuena = hierbabuena, menta fresca
Yuca = mandioca, tapioca
Yuquillo = azafrán, camotillo, cúrcuma

Z

Zapallito = calabacín, calabacita, hoco
Zapallo = calabaza
Zumo = jugo